Anja Fischer

111 Orte für Kinder in Salzburg, die man gesehen haben muss

111

emons:

Bibliographische Informationen der Deutschen Nationalbibliothek
Die Deutsche Nationalbibliothek verzeichnet diese Publikation in der Deutschen Nationalbibliografie; detaillierte bibliografische Daten sind im Internet über http://dnb.d-nb.e abrufbar.

MIX
Papier aus verantwortungsvollen Quellen
FSC® C043106

Layout: Editorial Design & Artdirection, Conny Laue, Bochum, nach einem Konzept von Lübbeke | Naumann | Thoben und Nina Schäfer
Kartografie: altancicek.design, www.altancicek.de
Kartenbasisinformationen aus Openstreetmap, © OpenStreetMap-Mitwirkende, ODbL
Druck und Bindung: Grafisches Centrum Cuno, Calbe
Printed in Germany 2021
Erstausgabe 2021
ISBN 978-3-7408-1080-1
Aktualisierte Neuauflage August 2021

VORWORT

Wenn man an Salzburg denkt, denkt man vermutlich vorerst an Mozart, den Jedermann und ganz viel Kultur rundherum. Ein bisschen staubig und altbacken vielleicht, was kann man hier schon mit Kindern erleben? Jede Menge!

Denn Salzburg ist viel mehr als »nur« Kulturstadt. Wo sonst kann man schon wellenreiten in der Stadt oder eine wilde Flamingokolonie bei einem Spaziergang beobachten? Die Mozartstadt ist voller Überraschungen und bietet kulturell, kulinarisch, sportlich und aktiv unglaublich viel. Eine abwechslungsreiche, aufregende Stadt für Groß und Klein, die außerdem auch noch viele Möglichkeiten zur Erholung von Shopping und Sightseeing bietet. Ein wunderbarer Mix mit vielen tollen Plätzen, die entdeckt und erforscht werden wollen. Von Badewannen für Pferde über geheime alte Lagerfeuerplätze in Kirchen oder heilige Stiegen, die nur einmal wöchentlich auf Knien »bestiegen« werden können, bis hin zu lebensgroßen Essiggurken und überdimensionalen goldenen Kugeln.

Aber auch für kleine Abenteurer und große Sportfans gibt es viel zu erleben: sich mit dem Mountainbike auf hohe Steilkurven wagen, in den Seilen hängen oder die Stadtberge bewandern. Oder wie wäre es mit einem wunderbaren, magischen Ausritt auf einem Einhorn? Wer findet das schlafende Haus und das versteckte Dornröschen? Wann ist der beste Zeitpunkt, das Wasserschloss zu besichtigen? Wer ist mutig genug, Bienen zu streicheln oder ins Hexenloch zu steigen? Und wer hungrig ist von den vielen Abenteuern, der macht am besten eine Mozartkugel-Verkostung und klärt eine der wichtigsten aller Fragen: Welche ist die echte und welche die beste Kugel weit und breit? Das und noch viel mehr tolle Ideen für die ganze Familie in einem Buch voller bunter Ideen. 111 Orte für Kinder, von Herzen ausgesucht.

Viel Spaß, strahlende Kinderaugen und herzhaftes Kinderlachen in Salzburg!

111 ORTE

1_DER ABENTEUERLICHSTE PARK

Spiel, Spaß und Erholung für Groß und Klein!

Der Hellbrunner Park befindet sich im Süden Salzburgs, nur ein paar Minuten vom Zentrum entfernt, und ist sehr leicht zu erreichen. Daher ist er ein beliebtes Ausflugsziel und Naherholungsraum für Salzburger und Besucher. Ob lange Spaziergänge in der historischen Parkanlage, kneippen, picknicken oder am Spielplatz toben, in Hellbrunn gibt es für jeden das maßgeschneiderte Abenteuer, oder eben Erholung. Im Winter kann man hier sogar kostenlos langlaufen.

Kinder kommen am großzügigen und toll ausgestatteten Spielplatz auf ihre Kosten. Dort können sie, umgeben von viel Grün, richtig viel Spaß haben: Das Abenteuer wartet auf den unzähligen Klettermöglichkeiten, den Reifenschaukeln, in der großen Sandkiste oder auf dem Flying Fox. Für jeden ist die passende Aktivität vor Ort. Rundherum befindet sich eine große Spiel- und Liegewiese sowie Bänke und Jausentische, wo Mamas und Papas ihre kleineren und größeren Rabauken gut im Blick haben.

Wer Lust auf eine Extraportion Sport hat oder auch mit den Großen gemeinsam trainieren will, der kann den Fitnessparcours besuchen, welcher sich direkt neben dem Wundergarten der Sinne befindet. Und sich im Anschluss bei der Kneippanlage abkühlen und erfrischen. Danach lohnt es sich, noch gemütlich gemeinsam durch den Park zu flanieren, die Fische in den Wasseranlagen zu beobachten und viele spannende Figuren im Park zu entdecken. Wie beispielsweise den Hund vor der Orangerie, auf dem man Kinder gern reiten sieht.

Adresse Fürstenweg 37, 5020 Salzburg // ÖPNV Bus 25, Haltestelle Schloss Hellbrunn // Öffnungszeiten täglich 6.30 – 19 Uhr, im Sommer bis 21 Uhr // ab 0 Jahre

TIPP: Ein Besuch im Zoo Salzburg Hellbrunn darf natürlich nicht fehlen. Er befindet sich nur ein paar Gehminuten vom Spielplatz entfernt! Neben den neu eingezogenen Pinguinen befinden sich 150 Tierarten und rund 1.500 Tiere im Geozoo.

2_DAS AFRO CAFE

Das bunteste Café der Stadt

Hereinspaziert! Wenn man durch die Tür des Afro Cafes tritt, hat man das Gefühl, auf einem anderen Kontinent gelandet zu sein. Es ist bunt und lebendig: Über dem Tisch in der Couchecke hängt ein großer, farbenfroher Luster, die Wände sind pink und mit ganz besonderen Trophäen geschmückt. An der gelben Decke sieht man Mosaikschlangen, und lebensfrohe Musik erfüllt den Raum. Man befindet sich im wohl buntesten Kaffeehaus der Stadt.

Es gibt viel zu bestaunen und allerhand zu entdecken. Wenn man sich den besagten Lampenschirm, die Mosaikschlange und die anderen Kunstwerke im Raum nämlich genauer anschaut, sieht man, was sich dahinter versteckt: wiederverwertete Plastikverpackungen wie Drehverschlüsse und Flaschen. Die upgecycelten zeitgenössischen Werke von afrikanischen Künstlern begeistern Groß und Klein. Sie dienen auch als gute Beschäftigung, wenn Mama ihren Kaffee trinken will: Einmal die bunten Plastikverschlüsse der Büffeltrophäe zählen, und »Ich sehe etwas, was du nicht siehst« kann man hier auch eine ganze Zeit lang spielen.

Auch kulinarisch ist der Besuch im Afro Cafe eine Reise wert. Hier gibt es nämlich nicht nur guten Kaffee, Tee oder Limonade, sondern auch afrikanisches Essen. Wie wäre es mit einem Straußenburger oder anderen Köstlichkeiten? Wer die Wahl hat, hat die Qual. Tipp: einmal quer durch die Karte kosten, denn die Gerichte eignen sich auch wunderbar zum Teilen und Gustieren. Bei schönem Wetter kann man die Delikatessen im Gastgarten genießen.

> **TIPP:** Wer ein bisschen afrikanische Kultur für zu Hause sucht, sollte im Weltladen Salzburg in der Linzer Gasse 64 vorbeischauen.

Adresse Bürgerspitalplatz 5, 5020 Salzburg // ÖPNV Bus 1, 8, 10, 22, 23, 24, 27, 28, Haltestelle Mönchsbergaufzug // Öffnungszeiten Mo–Sa 9–22 Uhr, So 9–18 Uhr // ab 0 Jahre

3_DER ALMKANAL

Wander- und Badespaß an Salzburgs Wasserläufen

Die Wasserläufe in den Stadtteilen Gneis, Leopoldskron, Nonntal, Riedenburg, Maxglan und Mülln sehen für viele aus wie ein Netz aus natürlichen Bächen. Das sind sie aber gar nicht! Die Wassermengen, gut eingebettet in Ufermauern oder Holzverbauten, gehören zum jahrhundertealten Almkanalsystem und münden an sieben verschiedenen Stellen brausend in die Salzach.

Der Almkanal versorgt nicht nur die Stadt mit seinem klaren Wasser, er bietet sich auch wunderbar für eine Wanderung oder einen Sprung ins frische Nass an! Keine Überraschung also, dass sich hier an heißen Sommertagen Groß und Klein treffen, um sich abzukühlen. Einfach ein Stück in der Stadt umherwandern, entlang des Wasserlaufes des Almkanals gibt es viel zu entdecken und auch Möglichkeiten, eine kurze Rast einzulegen. Eine sehr beliebte Stelle zum Baden ist an der Leopoldskronstraße auf der Höhe vom Spielplatz im Hans-Donnenberg-Park. Dies ist auch ein guter Ausgangspunkt für eine gemütliche Familienwanderung. Einfach dem Almlauf in Richtung Süden folgen. Es geht flach dahin, und man kann immer wieder eine kleine Pause einlegen und die Zehen ins kühle Nass stecken! Man spaziert an offenen Wiesen entlang Richtung Süden, parallel zur Berchtesgadener Straße.

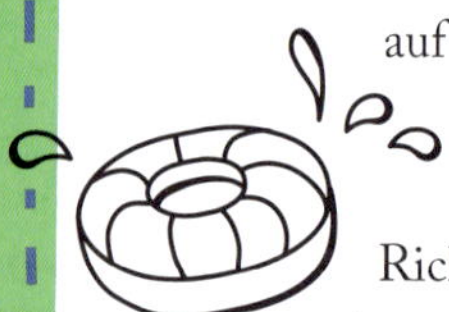

Direkt bei der Brücke beim Sternhofweg im Stadtteil Gneis gibt es einen flachen Einstieg, der sich gerade für Familien mit kleineren Kindern eignet. Für die Mutigen gibt es hier auch ein Seil, an dem sie sich vom Baum schwingend ins Wasser fallen lassen können.

Nach insgesamt vier Kilometern erreicht man Grödig.

Adresse Leopoldskronstraße, Höhe Hans-Donnenberg-Park, 5020 Salzburg, 47°47'16.8"N 13°02'29.6"E // **ÖPNV** Bus 25, Haltestelle Seniorenwohnhaus Nonntal // ab 0 Jahre

TIPP: In Grödig im Gasthof Pflegerbücke einkehren und sich stärken! Zu diesem Gasthof gehört ein großer Spielplatz, der Kinderherzen höherschlagen und Mama und Papa in Ruhe Kaffee trinken lässt.

4_DIE ALTEN WEHRTÜRME

Auf Spurensuche unterwegs

Die Stadtberge prägen das Stadtbild von Salzburg genauso wie die Kirchentürme. Beides vereint kann man bei einer Wanderung auf den Kapuzinerberg erleben. Wandern in der Stadt? Oh ja, das geht in Salzburg wirklich. Für manche ist der 640 Meter hohe Berg nur ein malerischer Hügel auf der rechten Salzachseite. Doch der Aufstieg ist gar nicht ohne!

Gerade für Kinder ist dies eine aufregende Wanderung. Denn wo kann man schon in der Stadt eine Bergtour machen? Also raus aus dem Getümmel und rauf auf den Berg! Am besten wandert man von der Linzer Gasse los, beim Restaurant Wasserfall hinauf durch die Franziskuspforte und folgt der Straße, vorbei an elf Kreuzwegstationen, bis zum Franziskanerkloster. Hier, bei der Aussichtsterrasse der Hettwer-Bastei, hat man einen besonders schönen Ausblick auf die Stadt.

Man kann nun bis zum Franziskischlössl durch den dichten Wald spazieren, oder man wandert auf den Spuren des Mittelalters an der 400 Jahre alten Wehrmauer entlang von Wehrturm zu Wehrturm. Auch wenn man die Türme aus Sicherheitsgründen selbst nicht mehr betreten darf, sind sie die perfekte Kulisse, um Ritter zu spielen. Die Kinder haben auf jeden Fall eine Menge Platz zum Toben und Spielen.

TIPP: Auf halbem Weg des Anstiegs auf den Kapuzinerberg in die Dachgartenoase des Hotel Stadtkrug einkehren.

Beim Wandern sollte man seine kleinen Augen stets offen halten, vielleicht hat man ja Glück und sieht eine Gämse? Denn am Kapuzinerberg lebt weltweit die einzige Gamswildkolonie mitten in einer Stadt. Hinunter geht es dann am besten über die 261 Stufen der Imbergstiege, die zur Steingasse führt.

Adresse Linzer Gasse 10, 5020 Salzburg // **ÖPNV** Bus 1, 3, 4, 5, 6, 14, 21, 22, 25, Haltestelle Markartplatz/ Theatergasse // ab 3 Jahre

5_ DIE ÄLTESTE GASSE

Kinoreife Römerstraße mit Löchern

Die Steingasse befindet sich auf der rechten Seite der Stadt, der sogenannten Neustadt, direkt am Kapuzinerberg. Sie bekam ihren Namen, weil ihre Häuser direkt an den Fels gebaut wurden. Am besten gelangt man über die Staatsbrücke hierher. Dann landet man – von der Altstadt kommend – direkt »Am Platzl«, wo im Sommer erfrischende Springbrunnenfontänen direkt aus dem Boden spritzen. Gleich danach geht es rechts hinein in die älteste Gasse der Stadt, die viele Geschichten zu erzählen hat: Denn die Steingasse war bereits Teil der Römerstraße.

Schon am Anfang der Gasse, bei der Ecke zum Kultkino »Das Kino«, befindet sich ein großes Loch in einem der Häuser. Es ist ein Relikt aus den letzten Tagen des Zweiten Weltkriegs, als hier ein Panzer stecken blieb und nicht mehr weiterkonnte. Der Panzer der amerikanischen Soldaten musste also herausgeschnitten werden.

Dass die Steingasse filmreif ist, ist spätestens seit 2009 auch in Hollywood bekannt: Das Lokal gegenüber vom »Das Kino« durfte bereits in einem Hollywoodfilm mitspielen. Für den Action-Blockbuster »Knight and Day« wurde hier eine Kussszene mit Tom Cruise gedreht! Am Haus Nummer 23 gibt es weitere Löcher zu entdecken. Im Gegensatz zum Panzerloch waren diese gewollt, denn es handelt sich quasi um eine Art Gegensprechanlage. Die schrägen Öffnungen waren Gucklöcher und ermöglichten es den Torwächtern zu sehen, wer passieren wollte. Über Kopf und Stein geht's weiter zu einem bunten Fleck, zur Tändlerei (Hausnummer 33).

TIPP: Apropos »älteste« Gasse: Die älteste urkundlich erwähnte Bäckerei aus dem Jahre 1429 befindet sich in der Gstättengasse.

Adresse Steingasse, 5020 Salzburg // ÖPNV Bus 1, 3, 4, 5, 6, 14, 21, 22, 23, 25, Haltestelle Makartplatz (Theatergasse) // ab 3 Jahre

6_DER ALTE MARKT

Der Platz mit den kleinen Häusern

Manchmal sind die besonderen Plätze direkt vor unseren Augen, doch wir sehen sie gar nicht. So ist es eine gute Idee, an altbekannten Orten einmal ganz bewusst vorbeizugehen. Der Alte Markt in der Salzburger Altstadt ist einer dieser Orte, an denen viele Salzburger achtlos vorüberlaufen. Dabei haben sich hier zwei kleine Bauwerke versteckt, denen man seine Aufmerksamkeit schenken sollte.

Da wäre zum einen das mit nur 1,42 Meter Breite kleinste Altstadthaus Salzburgs. Es scheint beinahe, als sei es in die Häuserzeile hineingequetscht worden. Das schmale Gebäude entstand, als man im 19. Jahrhundert eine Gasse verbaute. Wer wohl damals in dem Häuschen wohnte? Dazu kann man sich seine eigene kleine Geschichte ausdenken. Eigentlich wäre dies ein toller Ort für ein Puppenmuseum, doch heute dient es als Geschäftslokal.

Auf der anderen Seite des Alten Marktes, direkt neben dem Tomaselli-Pavillon, steht ein weiteres winziges Häuschen. Dabei handelt es sich allerdings nicht um ein Wohnhaus, sondern um eine Wettersäule mit Dach. Hier würde sich jeder Wetterfrosch wie ein König fühlen. Durch ihre goldene Verzierung wirkt die Säule alles andere als schlicht, dennoch gehen die meisten achtlos an ihr vorbei. Die unter Denkmalschutz stehende Wetterstation mit dem prunkvollen Dach sollte man genauer anschauen, denn sie ist immer noch voll funktionstüchtig und zeichnet die täglichen Temperaturen und den Atmosphärendruck auf. 1888 wurde sie für die Bevölkerung der Stadt errichtet.

TIPP: Nicht weit entfernt, im Innenhof der Rechtswissenschaftlichen Fakultät, gibt es viele betonierte Sitzmöglichkeiten, die Kinder zum Klettern und Springen animieren.

Adresse Alter Markt, 5020 Salzburg // **ÖPNV** Bus 3, 5, 6, 7, 8, 9, 10, 14, 25, 27, 28, 840, Haltestelle Rathaus // ab 3 Jahre

7_DIE ARENA-TOUR 360

Einmal auf der Trainerbank sitzen

Fußball-Fans sind in der Red Bull Arena besonders gut aufgehoben. Einmal hinter die Kulissen der großen Fußballstars vom FC Red Bull Salzburg schauen und einen Blick in die »heiligen Hallen« des Stadions werfen, ein Erlebnis, das jedes Fußballerherz höherschlagen lässt.

Bei der Arena-Tour 360 bekommen die Kids zu Beginn Virtual-Reality-Brillen ausgehändigt. Diese werden dann an mehreren Spots während der Tour aufgesetzt und beamen große und kleine Fans an einen »ganze normalen« Heimspieltag – Bild und Ton inklusive. Wie zum Beispiel in der Nordkurve: Brille auf und schon ist man mittendrin. Stadion-Feeling extrem, samt Emotionen und Fangeschrei. Die Kids dürfen sogar selbst mal auf der Trainerbank Platz nehmen und dank der Virtual-Reality-Brillen kann jeder Besucher 90 Minuten Fan-Feeling pur erleben. Einzigartig, hautnah und aufregend, das macht nicht nur den kleinen Fans eine Menge Spaß! Man wirft einen Blick in die Bullidikidz-Arena und den Fanpark, wo an einem Spieltag bis zu 100 Kinder und viele Fans verschiedene Attraktionen ausprobieren können.

Spannend wird es dann bestimmt in der Mixed-Zone, dem Ort, an dem die Spieler vor dem Anpfiff warten und die Eskort-Kidz in Empfang nehmen. Links davon befindet sich die Heimkabine, wo sich die Kleinen einmal wie ein großer Fußballstar vor dem nächsten Spiel fühlen können. Weiter geht's durch den Spielertunnel raus zur Trainerbank, wo sie sich das Spielfeld aus der Sicht des Trainers anschauen. Am Schluss geht es vorbei an der Wall of Fame, wo man sich die größten Erfolge und Spieler des Clubs anschauen kann, bis zum Bull Shop. Da wartet bestimmt das ein oder andere Souvenir.

TIPP: Im Volksgarten gibt es eine Eisarena, das Zuhause des EC Red Bull Salzburg, wo man sich Spiele anschauen oder selbst eislaufen kann.

Adresse Stadionstraße 2/3, 5071 Kleßheim, Tel. 0662/433332, www.redbullsalzburg.at // **ÖPNV** Bus 1, 28, Haltestelle Kleßheim Red Bull Arena // **Öffnungszeiten** Tourzeiten: siehe Webseite // ab 4 Jahre

8_DAS ATELIER 6+

Kunst für Kinder im Rupertinum

Ins Kunstmuseum geht man mit Kindern wahrscheinlich nicht so oft. Denn im Museum darf man nicht laufen, man darf nicht schreien und spielen ohnehin nicht.

Was aber, wenn sie selbst einmal der Künstler sein dürfen? Ein richtiger Künstler oder eine richtige Künstlerin? Das Projekt »Junges Museum« bietet Raum und Platz für dieses Gefühl. Im Rupertinum, das zum Museum der Moderne gehört, können Kinder ab sechs Jahren ganz spielerisch in die Kunstwelt eintauchen. Als Künstler.

Jedes Kind bekommt beim ersten Besuch am Eingang einen Sammelpass (der elfte Besuch ist gratis). Dann werden die Kinder abgeholt, und ab geht es ins Museum zu einem kleinen Rundgang, wo sie Allgemeines zum Thema Kunst und Museen erfahren.

Das Highlight wartet im dritten Stock, dort geht es – leise und langsam – im Gänsemarsch ins Atelier, den Raum, wo die Kunst erschaffen wird. Spielerisch werden die Kinder animiert, mit verschiedenen Techniken und Materialen, je nach Thema, selbst aktiv zu werden. Und zwar auf eine kreative Art und Weise, denn Kunst bedeutet ja auch, dass die Werke sein dürfen, wie der Künstler will. Da geht es zum Beispiel um Fabeltiere mit zwei Flossen, vier Augen und fünf Füßen. Für viele klingt das leichter als gedacht, aber »so gehört das ja eigentlich nicht«. Nach einer Aufwärmphase geht dann aber einiges. Die Kunstwerke dürfen natürlich mit nach Hause genommen werden.

Nach eineinhalb Stunden werden die strahlenden Mini-Picassos (samt Werken an der Kassa) abgeholt.

> **TIPP:** Auch die Allerjüngsten kommen nicht zu kurz. Für die Drei- bis Fünfjährigen gibt es das Miniatelier, wo sie spielerische Erfahrungen mit dem Abenteuer Kunst machen können (immer mittwochs 15–16.30 Uhr).

Adresse im Rupertinum, Wiener-Philharmoniker-Gasse 9, 5020 Salzburg // **ÖPNV** Bus 1, 8, 10, 22, 27, Haltestelle Herbert-von-Karajan-Platz // **Öffnungszeiten** Di 15 – 16.30 Uhr mit Anmeldung // ab 6 Jahre

9_DAS BAD FÜR KLIPPENSPRINGER

Schlechtwetterplanschen im Paracelsusbad

Wasser hat diese fast magische Wirkung auf Kinder, ganz unabhängig von Wetter und Jahreszeit! Deswegen ist Planschen immer eine gute Idee. Nachdem das Traditionsbad Kurhaus im Herzen der Stadt 2017 abgerissen wurde, hat es eine Zeit gedauert, bis es endlich mit einem völlig neuen Gesicht wiedererrichtet und eröffnet wurde.

Moderne und außergewöhnliche Architektur außen und unendlich viel Freizeiterlebnis drinnen erfreuen Groß und Klein: Endlich kann man wieder im Herzen Salzburgs, am Rande des Mirabellgartens, unter Dach seine Bahnen ziehen. Während sich die Kleinsten im Kleinkindbecken langsam mit dem Element Wasser anfreunden, haben Eltern die Möglichkeit, ihren Nachwuchs auf beheizten Sitzbankerl rund ums Becken im Auge zu behalten. Für die etwas größeren Wasserratten gibt es im Familienbecken mit Wasserfall, Strömungskanal und Geysir jede Menge Action. Und wem das nicht genug Abenteuer ist, der kann auf der Kletterwand beim Sprungbecken hoch hinaus! Der perfekte Ort, um Klippenspringen zu üben. Nicht zu vergessen ist die 45 Meter lange Röhrenrutsche mit speziellen Lichteffekten, die die Kids magisch anzieht und vor allem eine ganze Zeit lang beschäftigt.

Aber nicht nur Fun steht im Paracelsusbad auf dem Programm, auch die Lage und ihre damit verbundene Aussicht haben ihre Vorzüge, denn von allen Bereichen im Bad kann man dank der Rundumverglasung einen beeindruckenden Blick über den Mirabellgarten und die Barockstadt genießen.

Adresse Auerspergstraße 2, 5020 Salzburg, www.paracelsusbad.at // **ÖPNV** Bus 1, 2, 3, 5, 6, 14, 25, Haltestelle Salzburg Kongresshaus // **Öffnungszeiten** Mo–Fr 10–21 Uhr, Sa, So, Feiertage 9–21 Uhr // ab 0 Jahre

TIPP: Indoor-Planschen kann man auch in Salzburg Süd, dort befindet sich ein weiteres Hallenbad, das AYA-Bad in der Alpenstraße.

10_DAS BÄRENGÄSSCHEN

Die Geschichte von dem angespülten Bären

Auf den ersten Blick ist es eine unscheinbare kleine Seitengasse der Müllner Hauptstraße. Doch auf den zweiten ist das Bärengässchen ein kleiner Geheimtipp, denn die wenigsten Salzburger haben von ihm oder seiner Geschichte gehört.

Hier soll im Jahre 1562 ein toter Bär bei Hochwasser angeschwemmt worden sein. Wo der Bär herkam, wie er in der Salzach landete, das ist leider nicht überliefert. Aber es war aufregend genug, um eine ganze Gasse nach diesem Geschehnis zu benennen. Bilder und Tafeln an den Häusern dieser charmanten Gasse erinnern noch heute an die Geschichte, ein Gasthaus am anderen Ende der Gasse wurde sogar danach benannt: der Bärenwirt.

Das Bärengässchen beginnt und endet jeweils in der Müllner Hauptstraße. Am besten man startet beim Delphinbrunnen, gegenüber vom Braugasthof Krimpelstätter, und geht durch den Bogen. Das erste Bild befindet sich gleich nach dem Bogendurchgang auf dem rosafarbenen Haus mit der Nummer 14, es besteht aus bunt bemalten Keramikfliesen und zeigt einen aufrecht stehenden Bären. Wer von der Tafel nach links zurück in Richtung Müllner Hauptstraße blickt, entdeckt übrigens noch ganz andere Tiere. An den Fenstern sitzen drei große, täuschend echte Raben. Ein weiteres Bärenbild findet man bei Hausnummer 11, dem ehemaligen Münzmeisterhaus. Dort erinnert ein Bär aus Marmor an die Legende. Das Bärengässchen mit dem Kopfsteinpflaster ist aber nicht nur für tierbegeisterte Familien eine gute Idee.

TIPP: Am Ende der Gasse kommt man beim legendären Bärenwirt raus, wo es sich lohnt, auf ein Backhendl einzukehren.

Adresse Bärengässchen, 5020 Salzburg-Mülln // **ÖPNV** Bus 4, 7, 9, 21, 24, 27, 28, Haltestelle Bärenwirt // ab 3 Jahre

11_DIE BESTEN SALZBURGER NOCKERL

Das kulinarische Highlight verkosten

Wer es gerne süß und locker-flaumig mag und auf der Suche nach dem typischen Salzburger Dessert ist, der kommt nicht an ihnen vorbei: den Salzburger Nockerl. Ein Traum aus Zucker! Aber es ist gar nicht so einfach, das klassische Salzburger Dessert auf die Gabel zu bekommen.

Die Grundzutaten sind im Übrigen nur Mehl, Eier und Zucker. Je nach Lust und Laune des Kochs gibt es dazu meist Preiselbeeren, aber auch Zwetschken oder Himbeeren. Sie schmecken übrigens, so sagt man, »süß wie die Liebe und zart wie ein Kuss«.

Wer das typische Dessert einmal probieren möchte, tut dies am besten im Zwettler's in der Kaigasse – allerdings leider nur noch bis Dezember 2021. Aber keine Sorge die Familie Hohensinn verschwindet nicht aus der Stadt. Der Salzburger Nockerl-Genuss wird bereits ab sofort im Wirtshaus Elefant fortgesetzt.

Das finden wir elefantastisch! Beim Eingang zur urigen Gaststube wird man von einem großen Elefanten aus Holz begrüßt und fühlt sich gleich wohl. Auch die Salzburger Nockerl schmecken himmlisch wie gewohnt und werden hier mit Himbeeren serviert. Wenn man auf Tisch 1 sitzt, hat man auch wieder den perfekten Blick in die Küche. Denn der Fernseher inklusive »Zwettler's TV« mit Dauerkochsendung hat auch im neuen Lokal seinen Platz gefunden. Ob der Wurlitzer aus dem Zwettler's auch noch umzieht, bleibt zu hoffen! Aber es gibt genug zu staunen und zu entdecken, sogar einen Kuckuck in der Uhr.

TIPP: Wer Salzburger Nockerl als Eis probieren möchte, schaut im ALPZ Eissalon am Platzl 3 vorbei. Und wer sich gern mal selbst als Nockerlkoch probieren möchte, blättert mal ganz schnell zu Punkt 25 – Edelweiß Cooking School.

Adresse bis Ende 2021: Kaigasse 3, 5020 Salzburg; Sigmund-Haffner-Gasse 4, 5020 Salzburg // **ÖPNV** Bus 3, 5, 6, 7, 8, 9, 10, 14, 25, 27, 28, Haltestelle Mozartsteg/Rudolfskai // **Öffnungszeiten** täglich 11.30 – 0 Uhr // ab 2 Jahre

12_DIE BESUCHERTERRASSE

Flugzeuge schauen am Salzburg Airport

Flugzeuge haben eine magische Anziehungskraft auf Kinder! Kein Wunder, die großen mechanischen Vögel schweben am Himmel, als sei es ein Kinderspiel. Für die angehenden Hobbypiloten und Hoch-hinaus-Woller eignet sich ein Besuch am Flughafen Salzburg. Hier können sie den lieben langen Tag beim Starten und Landen zusehen, Flugzeuge zählen und die eigenen Gedanken auf Reise schicken. Wo der nächste Flieger wohl hingeht? Geschichten dazu sind schnell erfunden.

Außerdem sieht man am Flughafen Salzburg auch noch etwas sehr Ungewöhnliches: Hier dürfen die Passagiere zu einzelnen Flugzeugen noch selbst zu Fuß übers Rollfeld spazieren. Eine Seltenheit!

Am besten können die kleinen Flugzeugfans das Geschehen im ersten Stock des Hauptgebäudes im Marktrestaurant oder auf der noch beeindruckenderen Besucherterrasse im Terminal 1 beobachten. Da tut sich so einiges auf der Startbahn und dem Vorfeld: Ob Charterflieger oder auch kleinere und größere Privatjets, es verkehren

viele Flieger am Salzburger Flughafen. Auf der Besucherterrasse kann man die Flugzeuge sogar mit einem Fernrohr beobachten, welches dort installiert ist. Da man aber so nah am Flugfeld ist, kann man auch mit freiem Auge alles gut sehen. Die Terrasse ist frei zugänglich und täglich geöffnet (außer bei Schneefall und Eisbildung).

Wer genug vom Flugzeugeschauen hat, kann sich im Marktrestaurant stärken oder sich in der Kinderspielecke austoben. Durch die praktischen Glaswände hat man die Kleinen gut im Blick.

TIPP: Wer gern in den Himmel schaut, sollte die VEGA-Sternwarte am Haunsberg besuchen, da gibt es wöchentlich Führungen mit »Sternderlschauen«.

Adresse Innsbrucker Bundesstraße 95, 5020 Salzburg // ÖPNV Bus 2, 10, Haltestelle Airport // Öffnungszeiten täglich // ab 0 Jahre

13_ DER BEWEGUNGSPARK

Sport, Spiel und Spaß in Henndorf

Bewegung macht glücklich, denn sie macht Spaß, hebt die Laune, und gesund bleibt man auch noch. Frei nach diesem Motto kann die ganze Familie ihre Fitness im Bewegungspark in Henndorf unter Beweis stellen oder gegebenenfalls trainieren. Im Henndorfer Park, hinter den Tennisplatzanlagen, befindet sich das Freiluft-Fitnessstudio, das für jedes Fitnesslevel und jede Altersstufe geeignet ist.

Und obendrein macht es auch noch eine Menge Spaß, vor allem im Team. Balancieren auf verschiedenen Seilen, mit und ohne Anhalten, oder durch die Reifen trippeln erfordern ganz schön Konzentration. Der Parcours besteht aus 17 verschiedenen Stationen, an denen man seine Geschicklichkeit, Ausdauer, Kraft oder Koordination stärken kann. Jedes Gerät trainiert andere Fähigkeiten und kann in drei verschiedenen Schwierigkeitsstufen benutzt werden. Schautafeln an allen Stationen helfen, die Bewegungen korrekt auszuführen.

Unser Favorit ist der »Reifenslalom«: an Ketten herabhängende Autoreifen, die man zuerst in Schwung bringt, bevor man versucht, ohne von ihnen getroffen zu werden hindurchzulaufen. Auch sehr cool: die Basketball-Station, wo man auf wackeligem Untergrund verschiedene Bälle, die an Ketten befestigt sind, in den Korb werfen muss. Ja, hier können sich nicht nur die Kleinen den ganzen Tag ziemlich auspowern und neue Bewegungen kennenlernen. Wer nach dem Training noch genug Kraft hat, startet zur Familienolympiade.

Adresse Carl-Zuckmayer-Weg 5, 5302 Henndorf // **Anfahrt** über die B 1 Richtung Wallersee // **Öffnungszeiten** rund um die Uhr zugänglich // ab 3 Jahre

TIPP: Für die ganz Kleinen befindet sich ein klassischer Spielplatz gleich nebenan.

14_DIE BIBELWELT

Den Schatz der Bibel spielerisch erleben

Eine ganz besondere Reise in die Vergangenheit, in die Zeit von Jesus und Paulus, kann man in der Bibelwelt machen. Hier können Groß und Klein auf 600 Quadratmetern die biblische Welt einmal anders erleben und den Schatz der Bibel spielerisch entdecken: Hautnah, fast so als ob man selbst dabei war, dem Jesusweg durch enge, geheime Gassen folgen und mehr über den Wanderprediger von Nazareth erfahren. Außerdem hat man die Möglichkeit, religiöse und alltägliche Gegenstände des Judentums zu »begreifen« oder den biblischen Garten zu besuchen.

Das große Ohr am Gebäude weckt bereits die Aufmerksamkeit der Kleinen, und gespannt geht es hinein, umgeben von Wurzeln und Schriftrollen. Mit einem Audioguide wandert man zuerst durch einen Markt auf den Spuren der vergangenen Zeit. Es warten einige Abenteuer in diesem besonderen Museum auf die kleinen und großen Besucher. Man kann in einem Rollenspiel erleben, wie es damals war, zu den Reichen oder Armen zu gehören, das Glücksrad entscheidet, zu welcher Gruppe man gehört. Oder man versucht seine Flucht durch den Zelotengang (Vorsicht, da kann es sehr eng und dunkel sein!) oder schlüpft in die Rolle von Paulus und segelt als Nachwuchsseemann mit dem Schiff über die Meere.

Die Bibelwelt hat nicht nur für Menschen, die ihren Glauben vertiefen wollen, ein Ohr. Dies ist ein Platz für alle, egal ob religiös, die neugierig sind und an einer fremden Kultur interessiert sind. Das Leben zur Zeit Jesu in Israel/Palästina zum Mit(er)leben für die ganze Familie.

TIPP: Nicht weit von der Bibelwelt, in der Itzlinger Hauptstraße 93, befindet sich das Schweiger Deli. Hier gibt es Kuchen im Glas und hausgemachte Limonaden.

Adresse Plainstraße 42a, 5020 Salzburg // ÖPNV Bus 6, Haltestelle Plainschule // Öffnungszeiten Do–Mo 10–18 Uhr, So und Feiertage 11–18 Uhr // ab 3 Jahre

15_BIENENLIEB

Wo man Bienen streicheln kann

Die Welt der Biene in Salzburg befindet sich im »Bienenhof Bienenlieb« direkt an der Salzach. Hier gibt es ein kleines Café mit hausgemachten Leckereien und einem Hofladen. Immer samstags kann man gemeinsam mit Chef Daniel in die spannende Welt am Bienenhof eintauchen. Er nimmt seine Besucher mit und erzählt alles Wissenswerte über die kleinen Alleskönner, die so wichtig für unseren gesamten Lebenskreislauf sind. Geduldig werden alle Fragen beantwortet, und die ganz Mutigen dürfen sogar auf Tuchfühlung mit den Bienen gehen.

Zusammen mit dem Profi geht es bei der Führung durch den Garten, zu den Bienenstöcken, wo er mit einem Smoker Kräuterrauch versprüht, damit er die Tiere anschließend mit ihren Waben herausnehmen kann. Vorsichtig dürfen Groß und Klein mit ihrem Handrücken über die Bienen streicheln. Mit ein bisschen Glück können sie auch die Königin sehen.

Aber auf dem Bienenhof gibt es noch andere Tiere zu besuchen. Es geht weiter durch den Garten, an Hochbeeten vorbei, die wahre Bienenweiden sind, bis zu den Hühnern. Hier dürfen die Kinder füttern, streicheln und schauen, ob es frische Eier gibt. Danach folgt noch eine Verkostung diverser Bienenprodukte, wie Honig oder Honigbutter. Im Café kann man auch schon mal an den Ringen abhängen, die von der Decke baumeln.

Ein Besuch im Café ist die ideale Kombination mit der Bienenhof-Führung, denn samstags gibt es sogar Bio-Frühstück! Bei schönem Wetter kann man draußen im gemütlichen Gastgarten sehr gut Eis schlemmen.

TIPP: Nicht weit entfernt befindet sich der Waldspielplatz in der Billrothstraße.

Adresse Bienenlieb Bienenhof, Membergerstraße 1, 5020 Salzburg, Tel. 0662/262200, www.bienenlieb.at // ÖPNV Bus 3, 8, 12, 14, 22, Haltestelle Josefiau // Öffnungszeiten Shop und Café: Mi–Fr 11–18 Uhr, Sa 9–13 Uhr, Führungen: Sa vormittags // ab 3 Jahre

16_DAS BRUNCH-BUFFET

Gesunde Kuchenparty in Salzburgs Wohnzimmer

Das »The Keep – Gesund Essen« befindet sich in der Jugendherberge »The Keep Eco Residence« und ist ein ganz besonderes Lokal. Hier gibt es ein 100 Prozent biologisches und veganes Brunch-Buffet inklusive Kuchenauswahl bis 15 Uhr nachmittags. Für Naschkatzen und Schleckermäuler gibt es an ausgewählten Tagen auch noch Kuchen-Verlängerungszeit. Alles hausgemacht und frisch gebacken.

Das Besondere daran? Der Kuchen, das Essen, es hat keinen festgesetzten Preis. Man gibt, was man möchte, oder besser gesagt, was es einem wert ist. Nach dem Motto: »Pay as you feel.« Dazu fühlt man sich weniger wie in einem Lokal und vielmehr, als säße man im Wohnzimmer von Tante Mimi. Gemütlich, warm und zeitlos. Perfekt für Familien und ein Treffpunkt für jedermann (und -frau). Es tummeln sich Touristen, Einheimische und Businessleute. Am großen Fenster findet man auch Spiele, wenn die Kleinen etwas Beschäftigung brauchen.

Aufregend ist aber auch der Besuch der Toilette im ersten Stock. Die Decke ist mit Moos begrünt, und es gibt eine Dusche, da dies gleichzeitig das Bad am Gang für die Hostelgäste ist. Auf dem Weg zum grünen Örtchen geht es durch einen langen Gang, wo sich eine große Tafel befindet. Hier kann, wer möchte, mit Kreide seine persönliche Nachricht und Zeichnung hinterlassen. Das einzige Manko: Die Tafel befindet sich auf Erwachsenenhöhe, das heißt, Mama oder Papa müssen mit und den Mini-Künstler in die Höhe halten.

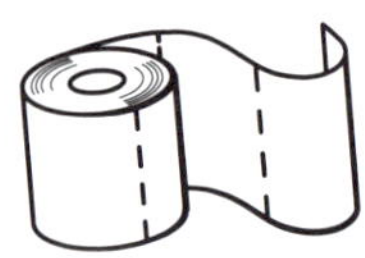

TIPP: Ebenso guten hausgemachten Kuchen und bemalbare Wände auf den Toiletten gibt es im Café 220 Grad in der Chiemseegasse.

Adresse The Keep, Schwarzstraße 50, 5020 Salzburg // **ÖPNV** Bus 1, 2, 12, 14, 21, 23, Haltestelle St.-Julien-Straße // **Öffnungszeiten** aktuelle Zeiten unter www.thekeepresidence.com // ab 0 Jahre

17_DER BUNTE INDOOR-SPIELPLATZ

Halligalli in der kunterbunten Phantasiewelt

Was tun, wenn es regnet? In Salzburgs Süden, in Anif, findet man das Paradies auf Erden, was Indoor-Spielplätze betrifft: das Hoppolino. Hier gibt es Spiel, Spaß und Spannung für Kinder jeglichen Alters, und jeder findet das Passende, denn der Indoor-Spielplatz ist unterteilt in Baby-, Kleinkinder- und Funbereich!

Der Babybereich bietet von Minirutsche und Mini-Mary-Poppins-Karussell (kostet extra) bis hin zum bunten Bällebad alles, was das Babyherz begehrt. Für die ein bisschen Größeren, also die Kleinkinder, gibt es links einen eigenen Bereich, wo an einer kunterbunten Wand gebouldert und gekraxelt werden darf. Große Schaumstoffpolster und Bausteine laden zum Bauen ein.

Das Highlight in der kunterbunten Phantasiewelt für die Kids ab drei Jahre ist allerdings die Fun-Anlage: Auf dem Kletterparcours können sie ihre Geschicklichkeit beweisen und sich richtig auspowern. Drei Rutschen helfen beim Weg nach unten, eine schneller als die andere. Unten angekommen, herrscht Vorsicht, denn um die Rutsche herum führt eine E-Gokart-Bahn. Wer nach der Kletterei und dem Wettrennen immer noch genug Power hat, kann sich auf der riesigen Trampolinanlage austoben.

> **TIPP:** Wer vom Toben hungrig geworden ist, kann in der Pizzeria Anniva nebenan noch köstliche Pizza essen!

Im Hoppolino kann man auch ganz gemütlich seinen Kindergeburtstag feiern, dafür gibt es kleine Räumlichkeiten, wo man »in Ruhe« und geschlossener Gesellschaft Kuchen essen und feiern kann. Welches Kind möchte hier nicht feiern?

Adresse Eisgrabenstraße 32, 5081 Anif, www.hoppolino.info // **ÖPNV** Bus 25, 28, Haltestelle Reschbergerweg // **Öffnungszeiten** täglich 9 – 18 Uhr // ab 0 Jahre

18_DAS BÜROMUSEUM

Im Zuhause von Schreibmaschinen und Diktiergeräten

Versteckt im Haus der Salzburger Bezirkshauptmannschaft in der Nähe vom Hauptbahnhof befindet sich das sogenannte Büromuseum. Mit einem freundlichen »Grüß Gott« geht es vorbei am Portier und mit dem Lift in den ersten Stock – Eintritt zahlt man hier keinen, doch ist man sich bis zu guter Letzt nicht sicher, ob man da wirklich zu einer Ausstellung kommt. Aber ja, es handelt sich um eine öffentlich zugängliche Sammlung.

Im Büroalltag hat sich in den letzten Jahrzehnten sehr viel getan, die Büroorganisation im Jahre 2020 hat mit der von 1950 nur mehr wenig gemein. Diese Entwicklung kann man in der kleinen Ausstellung im Büromuseum sehen. Hier sind Büroinventar und Arbeitsgerätschaften ausgestellt, von überdimensionalen Rechnern, die mit unseren heutigen Computern nur mehr wenig gemein haben, Diktiermaschinen, Vermessungsgeräte, aber auch Stempelmarken und andere Artefakte der Vergangenheit, mit denen Kinder inzwischen vielleicht nicht mehr allzu viel anfangen können.

Umso mehr lohnt es sich, vorbeizuschauen und verschiedene Schreibmaschinen und Bürohilfsmittel zu bestaunen.

Spannend ist es, gemeinsam herauszufinden, wofür so manches Gerät wohl in Verwendung war. Denn früher gab es für fast alles im Büro eine eigene Maschine, die oft mehr oder weniger kompliziert in ihrer Handhabung war. Kaum zu glauben, dass heute oft ein Smartphone ausreicht für so manche Organisationen. Eine unglaubliche Entwicklung der Technik liegt hinter uns.

Adresse Amt der Salzburger Landesregierung, Amtsgebäude »Verwaltungs- und Bürgerzentrum am Bahnhof«, Fanny-von-Lehnert-Straße 1, 1. Stock, Tel. 0662/8042, barrierefrei zugänglich (Lift) // ÖPNV Bus 1, 2, 3, 5, 6, 14, 21, 22, 23, 25, S-Bahn S 1, S 2, S 3, S 4, S 11, Haltestelle Hauptbahnhof // Öffnungszeiten Mo–Do 8–12 und 13–16 Uhr, Fr 8–12 Uhr // ab 3 Jahre

TIPP: In dem Bürobedarfsfachgeschäft Abraham am Gebirgsjägerplatz 4 gibt es im Untergeschoß eine ganzjährige Kostümabteilung.

19_CATWALK STORIES

Wo das Krümelmonster und seine Freunde wohnen

Hinter dem Neutor, direkt bei der Einfahrt in die Mönchsberggarage, sitzt das blaue Krümelmonster vor einem Laden. Das sind gute Neuigkeiten, denn wenn Krümel da ist, hat das Geschäft geöffnet. Das erzählen sich zumindest die kleinen Stammgäste von Catwalk Stories. Und hier wohnt nicht nur das Krümelmonster. Zu den Besonderheiten unter den Produkten zählen die Living Puppets, also lebendige Handpuppen, so wie die Freunde aus der Sesamstraße, Dinos, Jammerlappen und andere kleine bis große bunte Puppen. Diese dürfen natürlich auch ausprobiert werden.

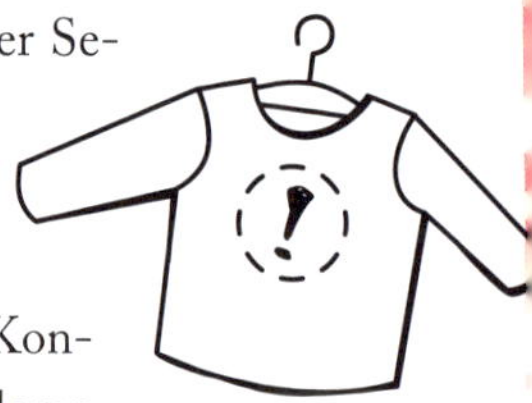

Inhaberin Nadine Katz hat sich ein besonderes Konzept überlegt und eröffnete einen Kidsshop der anderen Art: »Bei uns kann man auf Dinos reiten, zum Einhorn werden, skaten lernen, Model, Youtuber oder Designer sein. Zusammen mit den Kindern werden Träume wahr und wilde, witzige Fashion-Stories erlebt, geschrieben und erzählt.« Das ganze Jahr feiert man hier Fasching, Karneval und Halloween: Es gibt viele Kostüme und Verkleidungen sowie Skianzüge, die wie Einhörner, Drachen oder Superhelden aussehen.

Auf kleine Fashionistas wartet eine große Auswahl an hipper Kinderkleidung (verschiedener Labels) für Kids von zwei bis 14 Jahre, plus die passenden Accessoires. Für jede Geldtasche ist das Richtige dabei. Dazu eine tolle und freundliche Beratung vom Catwalk-Stories-Team und der ein oder anderen Handpuppe. Besonders cool: Wenn man Lust hat, kann man sogar ein »Private Shopping« buchen.

Adresse Hildmannplatz 1a (direkt am Neutor), 5020 Salzburg // ÖPNV Bus 1, 8, 10, 22, Haltestelle Reichenhaller Straße // Öffnungszeiten Di–Fr 10–13 und 14–17 Uhr, Sa 10–15 Uhr // ab 2 Jahre

TIPP: Alle, die sich das ganze Jahr über verkleiden möchten, sollten im Salzburger Kostümverleih in der Bergstraße vorbeischauen.

20_DIE CITY WALL

Die Kletterwand nahe der Linzer Gasse

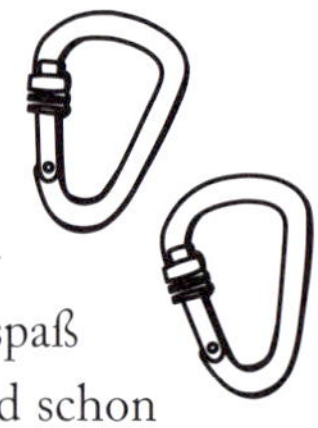

Berggehen und Kraxeln ist neben Skifahren wahrscheinlich eine der Lieblingsbeschäftigungen der Österreicher. Echte Bergspezis eben! Kletter- und Bergsteigerspaß und Stadtleben schließen sich aus? Nein, keinesfalls und schon gar nicht in Salzburg, denn hier kommen große und kleine Bergfans total auf ihre Kosten. Für jede Schwierigkeit gibt es in der Mozartstadt das passende Angebot.

Ein ganz besonderes Klettererlebnis für Fortgeschrittene kann man über den Dächern Salzburgs erleben. Am Ende der Linzer Gasse, neben dem Eingang Parkgarage, direkt am Kapuzinerberg, befindet sich ein Klettersteig namens City Wall – und verspricht alpines Klettergefühl mitten in der Altstadt von Salzburg, auch für kleine Kletterfans.

Auf dem urbanen Klettersteig kann man bei Schönwetter von Schwierigkeitsstufe A bis E klettern: auf der Kapuziner-Gams Route (anspruchsvoll), der Bergspezl Route (sportlich), der Salewa Route (anfängertauglich) oder der Aqua Salza Route (Übergangsroute). Direkt neben dem Eingang zur Tiefgarage geht es los, das Gelände ist frei zugänglich. Genaueres zur Routenführung und Informationen rund um die Schwierigkeitsgrade kann man vor Ort der großen Infotafel entnehmen. Wer gern unter Anleitung klettert oder einen Kletterkurs buchen möchte, meldet sich am besten bei den Naturfreunden an und vereinbart einen Termin, und schon kann das Bergabenteuer starten.

Aber Achtung: Kletterverbot herrscht zwischen 1. März und 30. Juni, denn da ist die City Wall wegen der Brutvögel gesperrt.

Adresse Glockengasse 4c, 5020 Salzburg, Kontakt: Naturfreunde Salzburg, Tel. 0662/431635 // ÖPNV Bus 4, Haltestelle Hofwirt // ab 5 Jahre

TIPP: Spielend bouldern lernen kann man in der Kletterhalle Salzburg in der Wasserfeldstraße in Itzling.

21_ DER COOLSTE KLETTERBAUM

Lässt Kinderherzen höherschlagen

Manchmal brauchen Kinder einfach nur eine Wiese und einen Baum, und schon ist die Welt in Ordnung. Doch wo findet man in einer Stadt wie Salzburg einen richtig coolen Kletterbaum? Mittendrin! Man muss nicht mal einen Stadtberg oder Stadtwald aufsuchen. Der coolste Kletterbaum Salzburgs befindet sich im Parkabschnitt des Kurgartens zwischen Kongresshaus und Schloss Mirabell. Da steht ein riesiger, etwas schräg gewachsener Trompetenbaum.

Wenn man ihn so anschaut, wirkt er etwas aus der Form, vielmehr in Schieflage geraten. Gestützt wird der alte Baum von einer Säule, die verhindern sollte, dass er komplett abbricht. Doch er hält noch viel aus. Denn wann auch immer man den Parkabschnitt passiert, tummeln sich auf seinen Ästen normalerweise kleine Kletteraffen. Leider wurde er bei einem schweren Unwetter beschädigt und ihm wurden ein paar Äste abgeschnitten. Nun hoffen große und kleine Kletterbaum-Fans, dass er bald wieder fit genug wird zum Klettern. Ursprünglich ist dieser Baum mit seinen wunderschönen weißen Blüten nicht bei uns heimisch, er kommt aus Nordamerika, doch das merkt man ihm gar nicht an.

Wenn man hier am Donnerstag vorbeischaut, findet übrigens schräg auf der gegenüberliegenden Straßenseite der bekannteste Grünmarkt der Stadt statt: die Schranne. Hier kann man bummeln, gustieren, regionale Köstlichkeiten probieren und kaufen. Zum Beispiel ein Backhendl direkt beim Standl vor der Kirche! Es findet sich bestimmt eine Leckerei, die man dann gemütlich am Fuße des Trompetenbaums essen kann.

Adresse auf der anderen Straßenseite der Rainerstraße 2, 5020 Salzburg // ÖPNV Bus 1, 2, 3, 5, 6, 14, 25, Haltestelle Mirabellplatz // ab 1 Jahr

TIPP: Auf der Wiese im Park kann man auch sehr gut picknicken, oder man holt sich eine Kugel Eis in der Eisgrotte, welche sich unten im Kongresshaus befindet.

22_DIE COOLSTE WALDRUTSCHE

Der Spielpark Salzburg Süd mitten in der Stadt

Waldfeeling mitten in der Stadt? Das bekommt man unter anderem am Spielplatz am Frohnburgweg, nahe der Alpenstraße, gleich hinter der Polizei und nicht weit weg vom Merkur-Supermarkt. Der Spielplatz ist natürlich angelegt und zählt dank des alten Baumbestandes zu den schattigsten Platzerln der Stadt. So kann man hier auch an den sonnigsten Tagen rutschen, schaukeln und klettern.

Das Angebot ist enorm, man findet auf über 22.000 Quadratmetern alles, was das Kinderherz begehrt: ob die große Sandgrube mit Wasserbrunnen zum Gatschen, Klettergerüste verschiedenster Art, Spielhäuser, Gummihupfband, Nestschaukel, Flying Fox, Balanciermöglichkeiten und noch vieles mehr. Man kann hier richtig viel Zeit verbringen. Auch für Teenager gibt es was zum »Spielen«: Tischtennistische und eine Basketballanlage. Ein Paradies für Kinder jeden Alters.

Ein Highlight auf dem weitläufigen Areal ist aber das kleine Waldstück am Eingang der Spielparks. Hier können sich Kinder ganz natürlich auspowern. Sehr beliebt ist die Röhrenrutsche, die sich hinter den Bäumen versteckt: Durch den kleinen Wald hinaufkraxeln, und schon geht's ab. Achtung – die Rutsche ist eine von den schnelleren. Das kleine Waldstückchen ist ein toller Platz zum Versteckenspielen, und man findet bestimmt den ein oder anderen Kraxlbaum.

Für Mamas und Papas sind genügend Bänke vorhanden, um die Kleinen nicht aus den Augen zu verlieren. Zum Jausen kann man es sich im Natur-Tipi oder mit Picknickdecke unter den Bäumen gemütlich machen.

TIPP: Nicht weit vom Spielplatz, Richtung Eschenbachgasse, befindet sich ein Gehege mit Ziegen und Schafen.

Adresse Frohnburgweg 55, 5020 Salzburg // **ÖPNV** Bus 3, 8, 14, 28, Haltestelle Polizeidirektion // ab 0 Jahre

23_DIE DIRNDL-SCHNEIDEREI

Zu Besuch in Gössls Gwandhaus

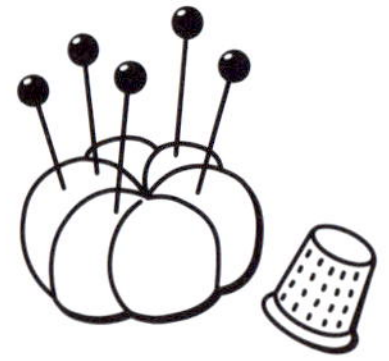

Im Stadtteil Morzg, an der Hellbrunner Allee gelegen, befindet sich ein herrschaftliches Anwesen, das gleichzeitig eine Erlebnisstätte der besonderen Art ist: das Gwandhaus. Hier ist das Traditionsunternehmen Gössl zu Hause. Wer ein echtes österreichisches Dirndl kaufen möchte, ist hier ganz richtig. Neben dem Verkauf findet aber auch ein kleiner Teil der Produktion statt, bei der man sogar zuschauen kann. Denn im Gebäude ist neben einem kleinen Trachtenmuseum das Schneideratelier, wo Änderungen von ausgewählten Stücken ausgeführt werden.

Von der offenen Galerie bekommt man einen wunderbaren Einblick in das wertvolle Handwerk und die Kunstfertigkeit. Einmal im Jahr findet im Gwandhaus der legendäre Dirndlflugtag statt. Wobei mehr gesprungen als geflogen wird. Und zwar von einem drei Meter hohen Turm ab ins kalte Nass. Mut, Spaß und eine Portion Abenteuerlust, gepaart mit Originalität und Kreativität, stehen beim Dirndlflugtag auf dem Programm.

Für den kleinen Hunger zwischendurch befindet sich im Haus die Greisslerei, ein Feinkostladen mit Wohnzimmercharakter. Die Köstlichkeiten kann man aber auch gern auf der gemütlichen Terrasse genießen. Atemberaubender Blick auf die Berge inklusive. Von hier aus hat man auch den Überblick über die große Wiese, die sich wunderbar eignet, um eine Runde Fangen zu spielen oder Räder zu schlagen – auf jeden Fall immer im Blickfeld der Eltern.

Adresse Gössl im Gwandhaus, Morzger Straße 31, 5020 Salzburg // **ÖPNV** Bus 25, Haltestelle Kleingmain // **Öffnungszeiten** täglich 10–20 Uhr // ab 4 Jahre

TIPP: Wer gern Trachten trägt, in der Bachstraße 34 in Salzburg-Sam gibt es einen Resteverkauf der Firma Moser.

24_DAS DORNRÖSCHEN

Was hat sich hinter Mirabells Rosenhecken versteckt?

Im Mirabellgarten gibt es so manch eine Überraschung und viele Geheimnisse zu entdecken. Manche sind nicht einmal den Einwohnern der Stadt bekannt. Wie zum Beispiel das versteckte Dornröschen!

Hier muss man sich erst mal auf die Suche machen. Nicht weit vom Pegasusbrunnen direkt vor dem Schloss, der kaum zu übersehen und allein schon ein echter Hingucker ist, ist es verborgen. Wer findet Dornröschen als erstes?

Untersucht man die Mauern gegenüber dem Schloss mit den blühenden Rosenhecken ein bisschen genauer, findet man nämlich zwei Gesichter in Stein gemeißelt. Im Herbst und Winter, wenn die Rosen die Mauer nicht überwuchern, ist es ein bisschen einfacher, sie zu erkennen. Im Sommer muss man sich schon ein wenig mehr anstrengen. Hat man sie gefunden, schauen sie einem direkt in die Augen, und man fragt sich, welche Geschichte hinter ihnen liegt, warum sie wohl so versteckt in der Mauer liegen. Die zwei Gesichter erinnern auf den ersten Blick wohl ein wenig an Dornröschen und ihren Prinzen.

Der Geschichte zufolge handelt es sich um die Überbleibsel zweier Statuen, die sich am Schlossdach befanden, doch bei einem Brand zerstört wurden. Die »Überbleibsel« hat man dann wohl hier eingemauert, wo sie nun hinter den wunderschönen Rosenhecken ruhen und sich vielleicht nur im Dornröschenschlaf befinden. Auch wenn es sich nicht um die Prinzessin handelt und die vermeintliche Wahrheit nicht gar so romantisch scheint, märchenhaft ist diese Entdeckung allemal.

> **TIPP:** Märchenhaft ist auch das Schloss Mönchstein am Mönchsberg, welches allerdings heute als Hotel dient.

Adresse im Mirabellgarten, Mirabellplatz, 5020 Salzburg // **ÖPNV** Bus 1, 2, 3, 5, 6, 14, 25, Haltestelle Mirabellplatz // ab 3 Jahre

25_DIE EDELWEISS COOKING SCHOOL

Apfelstrudel selbst backen

Backe, backe Kuchen, der Bäcker hat gerufen! Kinder lieben es zu backen, doch zu Hause bringt das auch viel Chaos in der eigenen Küche mit sich. Da bietet es sich an, die Edelweiss Cooking School und Hansi zu besuchen, denn der weiß ganz genau, wie das geht. Und all die Fragen, die man sich bisher zu einer der traditionellsten österreichischen Backwaren gestellt hat, werden schnell geklärt: Wie macht man eigentlich einen echten Apfelstrudel? Gehören da jetzt Rosinen rein oder nicht?

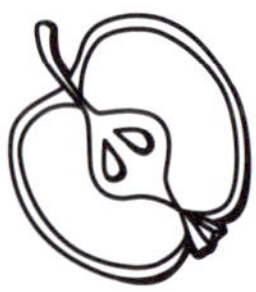

Also ab in die Edelweiss Cooking School und selbst mal der Haubenkoch sein!

In der Kochschule, die sich im alten Zollhäusl vor dem Klausentor befindet, kann man unter Anleitung vom Profi echt österreichische Gaumenfreuden selbst machen. Bei einem Kochkurs lernen Klein und Groß, wie man Apfelstrudel und Salzburger Nockerl »richtig« österreichisch herstellt. Kochschürze an und los. Da wird gemischt, geknetet und vor allem gezogen. Denn traditionell wird der Apfelstrudelteig ausgezogen, und das ist schon eine große Herausforderung und ein tolles Erlebnis für die ganze Familie. Da ist Teamwork gefragt und Fingerknöchel-Arbeit. Und wenn einmal ein Loch passiert, dann ist es nicht schlimm!

So viel Arbeit macht hungrig, glücklicherweise gibt es zur Belohnung was zu essen. Denn der eigene Apfelstrudel darf natürlich auch verkostet werden. Für zu Hause gibt es das Rezept zum Mitnehmen, so kann man das Gelernte auch wiederholen.

Adresse Ursulinenplatz 9, 5020 Salzburg // **ÖPNV** Bus 1, 4, 7, 8, 9, 10, 21, 22, 23, 24, 27, 28, Haltestelle Ferdinand-Hanusch-Platz // **Öffnungszeiten** freie Termine auf www.edelweiss-cooking.com // Für Kinder ab 4 Jahre

TIPP: Eine Küchenparty mit kulinarischer Weltreise zum Geburtstag gibt es bei Didi Maier (www.didimaier.at).

26_DER EHEMALIGE MAKARTSTEG

Die wahrscheinlich verliebteste Brücke der Stadt

Wenn man in Salzburg einen Platz voller Liebe sucht, wird man direkt über der Salzach fündig, und zwar am Makartsteg, der sogenannten »Liebesbrücke«. Hier bringen seit Jahren verliebte Paare Tausende Vorhangschlösser mit Liebesschwüren an, um ihre Zuneigung auf immer zu »versiegeln«. Viele bunte Schlösser aus der ganzen Welt, in allen möglichen Farben, hängen am Gitter des Makartstegs und lassen Kinderaugen groß werden. Denn die bunten Schlösser wirken fast magnetisch auf die kleinen Besucher. Kein Wunder, denn für kleine Schatzsucher gibt es viel zu schauen und spannende Zeichen zu entdecken. Ob Mama und Papa auch ein Schloss angebracht haben? Hier handelt es sich nicht nur um glückliche, sondern auch schwere Liebe, daher werden die Schlösser immer wieder abgezwickt und kübelweise entsorgt. Unglaublich, aber dadurch wird der Gehsteg um gute 1.000 Kilogramm leichter.

Da die Abzwick-Aktionen nur einmal pro Jahr stattfinden, können die Schlösser immerhin mindestens ein Jahr an der Fußgängerbrücke hängen. Die befindet sich mitten in der Stadt, zwischen dem Franz-Josef-Kai und dem Elisabethkai.

Benannt wurde der Steg nach dem Salzburger Maler Hans Makart, der 1879 anlässlich der silbernen Hochzeit des österreichischen Kaiserpaares den Festzug der Stadt Wien gestaltete. Ein tolles Hochzeitsgeschenk und irgendwie passend im Zusammenhang mit der verliebten Brücke. Seit 2020 heißt der Steg Feingoldsteg, was allerdings nichts mit den Schlössern zu tun hat.

TIPP: Am rechten Salzachufer befindet sich das Hotel Sacher, direkt beim Steg. Wer also noch nie eine »echte« Sachertorte probiert hat, hat jetzt die beste Gelegenheit dazu.

Adresse Makartsteg/Marko-Feingold-Steg, 5020 Salzburg // **ÖPNV** Bus 1, 4, 7, 8, 9, 10, 21, 22, 23, 24, 27, 28, Haltestelle Ferdinand-Hanusch-Platz // ab 0 Jahre

27_DIE EINHÖRNER VON MIRABELL

Auf dem Einhorn reiten

Einhörner findet man in Salzburg viele. Teils mit und teils ohne Hörner. Einhörner mit Flossen, in Brunnen oder an Hausmauern. Man könnte eigentlich eine eigene Einhorn-Schatzsuche in der Stadt machen und würde viele wundervolle Schätze finden und damit ein eigenes Buch füllen.

Doch wie wäre es denn, mal auf einem Einhorn zu reiten oder ein Selfie mit einem Einhorn zu machen? Das kann man bei einem Besuch im prunkvollen Schlosspark von Mirabell. Auf der Nordseite des Parks, am Prunkstiegen-Aufgang Richtung Rosengarten, befinden sich zwei Einhörner, die sehr gern als Fotomotiv und Reittier dienen.

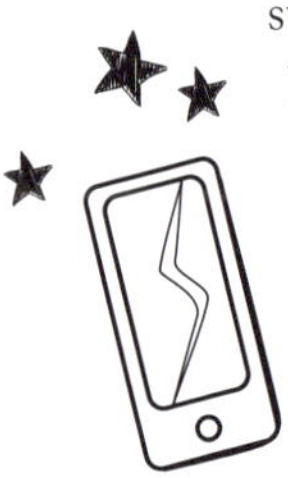

Es lohnt sich, einmal hinaufzuklettern und den wunderschönen Park anzuschauen, der sich vor einem erstreckt. In eine Fabelwelt einzutauchen, sich vorzustellen, mit dem Einhorn zwischen Blumen und Rabatten entlangzugaloppieren und selbst einmal ein magisches Wesen zu sein. Tipp: Foto machen vom Einhornritt nicht vergessen!

Der Mirabellgarten hat noch viele andere spannende Entdeckungen zu bieten. Dazu gehören Götter und Göttinnen der Antike wie unter anderem Dionysos, Zeus, Herkules und Aphrodite, aus Stein gehauen, aber auch fabelhafte Wesen wie der Pegasus im Brunnen, direkt vor dem Schloss, und auch Löwen.

Der Mirabellgarten ist ein wundervoller Platz für eine Reise in eine Phantasiewelt, in die man auf dem Rücken des Einhorns eintauchen kann.

TIPP: Wenn das Einhorn und der Löwe ein Tänzchen wagen … dieses Bild findet man am äußeren Stein am Engelwirtsbrunnen.

Adresse im Mirabellgarten, Mirabellplatz, 5020 Salzburg // ÖPNV Bus 1, 2, 3, 5, 6, 14, 25, Haltestelle Mirabellplatz // Öffnungszeiten rund um die Uhr // ab 1 Jahr

28_DER EISL EISSALON

Weil auch Schafe gutes Eis machen können

Das Wetter ist niemals zu schlecht für ein leckeres Eis, da sind sich vermutlich alle Kinder einig! Und dass nicht nur Kühe Milch für gutes Eis geben, sondern Schafe mindestens genauso gute Milchlieferanten sein können, weiß man seit Kurzem in Salzburg auch. Eis aus Schafmilch? Ja, ganz genau. Mitten in der Altstadt gibt es Österreichs ersten Schafmilcheis-Salon: Eisl Eis ist ein kleiner, feiner Eissalon in der Getreidegasse und so ganz anders als alle anderen Eisdielen, die man kennt. Traditionelles Handwerk von der Diele bis zum Boden! Man mag es kaum glauben, der Holzboden, auf dem man hier steht und geduldig wartet, ist tatsächlich über 100 Jahre alt und stammt aus dem Eisl'schen Bauernhaus. Täglich wartet in der großen Eisvitrine eine Auswahl von 16 Sorten auf die Schleckermäuler. Neben Klassikern wie Vanille und Schokolade geht es außergewöhnlich zu: Heidelbeer-Rosmarin oder Mango-Chili. Es gibt auch vegane und laktosefreie Sorten.

Neben der besten Schafmilch von – klarerweise – ganz glücklichen Bio-Schafen kommen nur »gscheite« Zutaten und ganz viel Liebe in das Bio-Schafmilcheis.

Wie Schafmilcheis schmeckt? Das muss man unbedingt selbst mal probieren! Denn das cremige und mild-feine Mandelaroma ist einmalig und lässt einen gleich mal auf Schafwolke 7 schweben.

Weil man hier bestimmt nicht nur einmal einkehrt, sollte man sich gleich einen Schäfchenpass sichern, denn wenn man zehn Schäfchenstempel gesammelt hat, gibt es eine Eisl-Eiskugel geschenkt.

Adresse Eisl Eissalon, Getreidegasse 22 (im Durchgang), 5020 Salzburg // ÖPNV Bus 1, 4, 7, 8, 9, 10, 21, 22, 23, 24, 27, 28, Haltestelle Ferdinand-Hanusch-Platz // Öffnungszeiten im Sommer, genaue Zeiten online: www.shop.eisl-eis.at/unser-eissalon // ab 1 Jahr

TIPP: Wer Eis ganz vegan genießen möchte, ist beim Eissalon des Green Garden in der Nonntaler Hauptstraße richtig.

29_DAS ERHOLUNGSUFER

Steintürme am Salzachufer bauen

Wer einfach einmal nur die Seele baumeln lassen will und die Füße ins Wasser strecken mag, der ist am Ufer der Salzach richtig! Zwischen dem Hotel Sacher und der Staatsbrücke tummeln sich in den warmen Monaten bei schönem Wetter viele Sonnenhungrige und Erholungsuchende. Man trifft hier jedermann, ob Schüler, Studenten, Businessleute in Anzügen bei der Mittagspause oder beim Feierabendbier, Familien und Touristen.

Jeder hat noch sein Platzerl am grünen Ufer gefunden, ganz egal ob auf Alt- oder Neustadtseite. Zusammen mit der Familie kurz einmal abschalten und Luftschlösser bauen. Gleich nach dem ehemaligen Makartsteg ist das Ufer an der Salzach im Übrigen aufgeschottert, hier geht es flach vom Wasser weg – für alle, die mehr als Luftschlösser bauen möchten, ideal, um Steintürme zu errichten oder auch mal nur die Steine ins Wasser fallen zu lassen. Immer wieder findet sich Schwemmholz, das gern von Besuchern zu kleinen Tipizelten verbaut wird.

Einfach nur sein gehört zu einem Stadttag dazu. Salzburg bietet viele wundervolle Plätze dafür. Einer davon ist bestimmt das Ufer der Salzach. Während man ein Eis oder eine Jause genießt und sich für den nächsten Ausflug stärkt, können die Kleinen den Wasservögeln beim Spielen zusehen oder warten, bis die »Amadeus« vorbeischippert, das einzige Schiff, das auf der Salzach noch in Betrieb ist. Wenn man weiter Richtung Lehner Brücke spaziert, findet man buchtenähnliche Plätze, die fast Strandfeeling hervorrufen.

TIPP: Die Stadt zu Wasser und Land gleichzeitig entdecken kann man im Amphibienbus bei einer ganz besonderen Stadtrundfahrt.

Adresse Elisabethkai, 5020 Salzburg // ÖPNV Bus 1, 4, 7, 8, 9, 10, 21, 22, 23, 24, 27, 28, Haltestelle Ferdinand-Hanusch-Platz // ab 0 Jahre

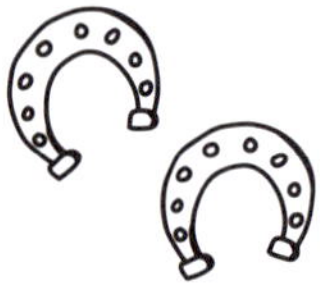

30_DER ERLEBNISBAUERNHOF

Ponys reiten und Lamas streicheln in Grödig

Das Glück auf Erden liegt bekanntlich am Rücken von Pferden. Oder auch Ponys. Auf dem Erlebnisbauernhof in Grödig kann man dieses Glück bei einem Workshop erleben: Ponyreiten und die richtige Ponypflege inklusive. So wird den kleinen Nachwuchsreitern genau gezeigt, wie man das Fell bürstet oder die Hufe auskratzt. Und natürlich auch, wie man mit einem Pony richtig umgeht. Übrigens können die Kleinen in dieser wundervollen Atmosphäre auch ihren Geburtstag feiern.

Ein Leben wie im Bilderbuch: Auf dem idyllischen Erlebnisbauernhof leben neben den Ponys noch viele andere Tiere zusammen in einer großen, friedlichen Bauernhof-WG: Alpakas, Zwergziegen, Minischweine, Katzen, Zwergschafe, Zwergkühe, Kaninchen, Meerschweinchen, Esel, Hunde, Enten, Schildkröten, Hühner, Wellensittiche, sogar Truthähne und mehrere Pfaue. Wer das Leben auf dem Bauernhof kennenlernen will, kann nach Terminvereinbarung eine spannende Bauernhofführung mitmachen. Veronika und Andreas nehmen sich viel Zeit für ihre Besucher. Die Bauernhofführung kann man auch gut mit einem Alpaka-Spaziergang verbinden oder sogar einem Alpaka-Fotoshooting.

Wer keinen Termin hat, kann an dem Erlebnisbauernhof aber auch vorbeispazieren, es führt ein feiner Spazierweg daran entlang. Bei der Gelegenheit kann man auch die Minischweine besuchen, die gleich neben dem Weg ihr Revier haben, oder die Ziegen füttern. Das passende Futter gibt es im Automaten neben dem Gehege.

Adresse Waldeggerweg 6, 5082 Grödig // **ÖPNV** Bus 5, Haltestelle Grödig Pflegerbrücke // **Öffnungszeiten** Termine auf Anfrage bei Veronika und Andreas Gfrerer, Tel. 0664/5060388 // ab 0 Jahre

TIPP: Wer ab Hof regionale Köstlichkeiten und Produkte von österreichischen Bauern kaufen möchte, besucht die Kastners HofgreisslerEi in der Römerstraße in Anif.

31_ DIE ESSIGGURKEN

Saures Gemüse macht lustig

Eine richtig saure Attraktion findet man mitten in der Stadt, aber dennoch etwas versteckt, im Furtwänglerpark. Dort, im Festspielbezirk zwischen Friedrich Schiller und dem wilden Wassermann, stehen fünf grüne Essiggurkerl, wie aufgefädelt! Diese menschengroßen Skulpturen sind nicht nur ein beliebtes Fotomotiv, sie eignen sich auch hervorragend zum Slalomlaufen, Verstecken oder Handstandmachen. Ob auch der große Dichter oder der erschaffende Künstler Erwin Wurm so gern Essiggurken gegessen haben? Die Antwort auf die Frage bleibt uns wohl ein Rätsel, ist aber bestimmt ein guter Start für eine lustige Parkgeschichte zum Selbsterfinden.

Der Park, der sich zwischen der Universität Salzburg und der Kolleginnenkirche befindet, eignet sich auch hervorragend, um kurz eine Pause zu machen.

Entstanden sind die Gurkerl im Übrigen im Rahmen eines Kunstprojekts namens »Walk of Modern Art« im Jahre 2011. Die Gurken symbolisieren Individualität. Der Künstler dazu: »Jede Gurke ist individuell verschieden, aber doch sofort als Gurke erkennbar und einem Ganzen zuordenbar, ähnlich den Menschen.« Und so hat die Gurke eigentlich viel mit uns Menschen gemein, sie sind in ihrer Form einfach unterschiedlich, klein oder größer, dick oder dünner, gerade oder schief … Jede ist anders und doch ein Teil der Familie.

Auf jeden Fall ist das saure Gemüse hier was ganz besonderes und ein Highlight bei jedem Stadtbesuch.

TIPP: Frisches Obst und allerhand Delikatessen gibt es am Grünmarkt hinter der Kirche. Am besten den kleinen Durchgang zwischen Universität und Kirche nutzen, und schon ist man da!

Adresse Max-Reinhardt-Platz, 5020 Salzburg // **ÖPNV** Bus 1, 8, 10, 22, 27, Haltestelle Herbert-von-Karajan-Platz // ab 1 Jahr

32_FABI'S FROZEN BIO YOGURT

Das vielleicht gesündeste Eis der Stadt

Die Eisdiele findet man am Grünmarkt: Fabi's Frozen Bio Yogurt hat das etwas andere Eis. Ob es gesünder ist? Klare Antwort: Jein. Denn statt süßer Eiscreme gibt es hier gefrorenen Joghurt, doch obendrauf kommt das köstliche Topping, je nach Geschmack. Wie gesund der Joghurtbecher am Ende ist, muss jeder für sich selbst entscheiden, denn auf die Zusammenstellung kommt es an. Wer die Wahl hat, hat die Qual, die Toppingauswahl ist groß und verlockend bunt: angefangen von Schokostreusel aller Art über frisches Obst und Beeren, Nüsse und Mandeln bis zu Gummibärchen oder Marshmallows, hier bleibt kein Wunsch offen. Dazu noch eine fruchtige oder schokoladige Sauce, und die kleinen Schleckermäuler sind glücklich. So kann sich jeder seine ganz individuelle Eiskreation zusammenstellen.

Für einen Besuch bei Fabi's sollte man auf jeden Fall ein bisschen Zeit einplanen, die Schlange ist lang. Anstellen lohnt sich aber auf jeden Fall, denn Eisschlecken macht die Kinder froh und die Großen ebenso.

Genießen kann man sein Frozen Yogurt, wenn man ganz viel Glück hat, entweder an den Tischen vor dem Geschäft oder ansonsten auf den Stufen der Universitätskirche. So oder so hat man einen Topplatz, um das Treiben am Grünmarkt zu beobachten, wo Salzburger und Touristen sich mit Delikatessen aller Art eindecken. Nach dem Eis lohnt es sich, selbst eine Runde um die Standl'n zu drehen.

TIPP: Im »Schatz-Durchganghaus« zwischen Universitätsplatz und Getreidegasse befindet sich die wahrscheinlich älteste Reklametafel der Stadt: Ein Haifisch und eine Walrippe hängen da unter einem Netz.

Adresse Universitätsplatz 14, 5020 Salzburg, www.fabisfrozenbioyogurt.com // **ÖPNV** Bus 1, 8, 10, 22, 27, Haltestelle Herbert-von-Karajan-Platz // **Öffnungszeiten** Anfang März–Nov. täglich 11–mindestens 18 Uhr; (Dauer saisonal variabel) // ab 1 Jahr

33_DIE FALSCHEN KATAKOMBEN

Felshöhlen aus der Antike in St. Peter

Am Friedhof von St. Peter finden kleine Mystikfreunde ein großes Abenteuer: Eine vielleicht etwas gruselige, aber sehr spannende Besichtigung erwartet die Besucher. Wenn man vom Friedhof auf die Felswand vom Mönchsberg blickt, kann man bei genauem Hinsehen Fenster erkennen. Fenster im Berg! Diese gehören zu Felsenhöhlen und stammen aus der Spätantike. Von den Bewohnern der Stadt werden sie seit dem 17. Jahrhundert fälschlicherweise als Katakomben bezeichnet, aber diese mystischen Höhlen wurden einst von Einsiedlern bewohnt und als Begräbnisstätte genutzt.

Zu den »Katakomben« gelangt man rechts der Gruftarkaden durch die Communegruft. Der Eingang befindet sich neben den Gräbern von Nannerl Mozart – der Schwester von Amadeus – und Michael Haydn.

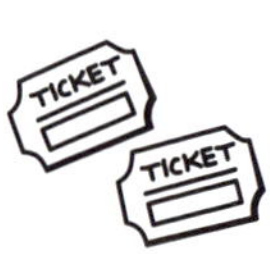

Neben dem kleinen hölzernen Ticketschalter befindet sich die alte Treppe, über welche man zu den zwei Kapellen hinaufgelangt. Der Weg zu der Gertraudenkapelle führt durchs dunkle Stiegenhaus über 48 Stufen. Die kleinen Fenster, die man schon vom Petersfriedhof sehen konnte, schenken den Besuchern ein mildes Licht. Wer noch zur Maximuskapelle weitergehen will, hat weitere 36 Stufen vor sich. Während der Erkundung der falschen Katakomben kann man auch immer wieder einen Blick durch die Fenster werfen und den Ausblick über den vielleicht schönsten Friedhof der Stadt und den Dombezirk genießen.

TIPP: Auch in den Mönchsberg kann man einen Blick werfen, hier befindet sich nämlich eine Tiefgarage, und daher kann man einfach durch den Berg gehen.

Adresse Erzabtei St. Peter, St.-Peter-Bezirk 1, 5020 Salzburg // ÖPNV Bus 3, 5, 6, 7, 8, 9, 10, 14, 25, 28, 27, Haltestelle Mozartsteg/Rudolfskai // Öffnungszeiten Mai–Sept. täglich 10–12.30 und 13–18 Uhr, Okt.–April täglich 10–12.30 und 13–17 Uhr // ab 3 Jahre

34_DIE FÄRBERPFLANZEN

Zu Besuch im größten Garten der Stadt

Der wohl größte und vielfältigste Garten der Stadt findet sich in der Nähe der Alpenstraße, Richtung Süden: der Botanische Garten der Universität Salzburg! Hier lässt sich auf 1,5 Hektar Fläche eine Weltreise durch die Blumen- und Pflanzenwelt machen und viele alte und neue Pflanzenfreunde entdecken.

Bei einem gemütlichen Spaziergang kann man zum Beispiel einen klassischen Salzburger Bauerngarten anschauen oder durch den Alpengarten spazieren, samt Berggefühlen. Auch der Apotheker-Kräutergarten ist sehr interessant, denn dort wächst gegen jedes Wehwehchen das passende Kraut, und es kann ganz schön praktisch sein zu wissen, welches Pflänzchen man bei blauen Flecken oder Bienenstichen braucht – viele davon wachsen sogar am Spielplatz! Kräuter können so viel mehr als nur zu Tee verarbeitet werden oder das Essen würzen!

Mit Pflanzen hat man früher auch gern Stoffe eingefärbt, und mit der ein oder anderen Blüte lassen sich tolle Bilder stempeln. Welche Kräuter zu den bunten Färberpflanzen gehören, kann man sich im Färberbeet anschauen.

TIPP: Beim ORF-Landesstudio Salzburg in der Nonntaler Hauptstraße 49d befindet sich der Fernsehgarten, ein Garten der Nachhaltigkeit.

Neben der heimischen Artenvielfalt findet man im Botanischen Garten aber auch einige Exoten, wie zum Beispiel das Mammutblatt, das eher an einen Riesenrhabarber erinnert. Daneben wirken selbst Mama und Papa wie Zwerge!

Ein Gesamtwunderwerk der Natur, das vor allem auch die Wildbienen, Schmetterlinge und andere Nützlinge glücklich macht und ihnen den idealen Lebensraum bietet. Wer mit offenem Auge durch den Garten spaziert, kann einige von ihnen entdecken.

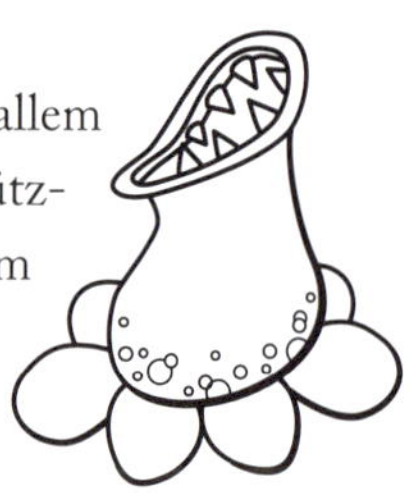

Adresse Hellbrunner Straße 34, 5020 Salzburg // ÖPNV Bus 22, Haltestelle Bocksbergerstraße // Öffnungszeiten Di–So 10–18 Uhr // ab 0 Jahre

35_DIE FISCHSAURIER-SCHLUCHT

In der Glasenbachklamm nach Fossilien suchen

Nicht nur für Dino-Fans ein Muss, sondern für alle Hobbyforscher und Weltenentdecker: Auf den Spuren der Dinos kann man in der Glasenbachklamm eine Zeitreise in die Urzeit machen. Die Klamm befindet sich im Süden Salzburgs, in der Gemeinde Elsbethen. Parken lässt sich direkt beim Eingang in die Schlucht, am alten Gasthaus Lohhäusl.

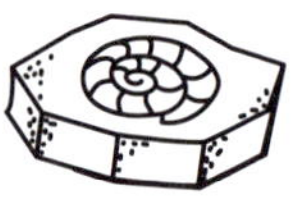

Der drei Kilometer lange Lehrpfad entlang des Klausenbachs führt vorbei an Höhlen, Gumpen und tollen handgemachten Skulpturen der Schüler der HTL Kuchl, wie einem Säbelzahntiger oder Dinosaurier-Eiern, die die Kinder begeistern. Die Schlucht ist auch bei echten Forschern als Fundstelle von Gestein und Fossilien bekannt. Hier wurden schon Zähne, Rippen oder Wirbel von Fischsauriern, die vor 200 Millionen Jahren bei uns gelebt haben, entdeckt. Wenn man Glück hat, findet man sogar selbst Muscheln oder Schnecken am Boden herumliegen und kann sie mit nach Hause nehmen. Ein wahrer Dinosaurier-Schatz quasi.

Insgesamt geben 13 Infotafeln am GEO-Schauweg Einblicke in das Erdmittelalter und entführen die Miniforscher in die Zeit der Fisch- oder Ichthyosaurier. Nach etwa 3,2 Kilometern ist das Ziel erreicht. Von hier aus kann man, wenn noch Kraft in den Beinen steckt, weiter zur Schwaitlalm wandern.

In der Klamm gibt es nicht nur jede Menge Gesteine aus Jura- oder Kreidezeit und Fossilien zu entdecken, im Sommer können die Kinder wunderbar im Bach und den Gumpen planschen und sich erfrischen. Ein ideales Platzerl also, wenn man vor der Hitze flüchten will.

Adresse Glasenbachklamm, Parkplatz Lohhäusl, Lohhäuslweg 2, 5061 Elsbethen // ÖPNV Bus 7, Haltestelle Elsbethen Glasenbach // Öffnungszeiten immer geöffnet // ab 3 Jahre

TIPP: Im Haus der Natur gibt es sogar Originalversteinerungen von Fischsauriern zu bestaunen.

36_DIE FLAMINGOKOLONIE

Der geheime Tierpark von Leopoldskron

Schon mal eine wilde Flamingokolonie gesehen? Wahrscheinlich kennt man die rosaroten Vögel nur vom Zoobesuch, denn sie zählen nicht unbedingt zur heimischen Tierwelt unserer Breitengrade. Dennoch gibt es in Salzburg eine wild lebende Kolonie. Im Stadtteil Leopoldskron, im Landschaftsschutzgebiet Leopoldskroner Weiher, liegt der St. Peter Weiher, wo die rosaroten Vögel leben und sich großer Beliebtheit erfreuen. Umgeben von Bambushecken wurden sie angesiedelt und haben ein Zuhause gefunden.

Da ein Spazierweg daran vorbeiführt, können die wilden Flamingos, die in Privatbesitz sind, ganz einfach besucht, bestaunt, fotografiert und bewundert werden. Da hat sich sozusagen ein kleiner verborgener Tiergarten entwickelt, denn auf der anderen Seite des Weges leben weitere Tiere wie zum Beispiel Gänse, Truthähne oder verschiedene Hühner. Eine große, friedliche Vogeltier-WG also.

Da dieses Areal kein offizieller Tierpark ist, ist es weder ausgeschildert noch angeschrieben. Aber man kann es eigentlich ganz einfach finden. Das Tierparadies liegt ganz in der Nähe vom Schloss Leopoldskron. Man startet in der Leopoldskroner Allee beim Straßerwirt, biegt dort in die Schwimmschulstraße ab, bis man zum Wolfgang-Schaffler-Weg gelangt. Immer geradeaus befindet sich das heimliche Paradies der Flamingos auf der linken Seite.

Tipp bei Sonnenschein: Damit die kleinen Tierforscher keinen Sonnenstich bekommen, passenden Schutz einpacken.

Adresse St. Peter Weiher, Wolfgang-Schaffler-Weg, 5020 Salzburg-Leopoldskron // ÖPNV Bus 21, 22, 27, Haltestelle Sinnhubstraße // ab 0 Jahre

TIPP: Ganz in der Nähe liegen das Schloss Leopoldskron und der Weiher, hier kann man wunderbar spazieren gehen und Enten beobachten.

37_DAS FÜRSTENZIMMER

Die faszinierenden Gemächer auf der Festung

An der Festung Hohensalzburg kommt man in Salzburg nicht vorbei. Das Wahrzeichen der Stadt thront über allem am Festungsberg, ist von beinahe überall gut zu sehen und gibt der Mozartstadt ihren Wiedererkennungswert. Am bequemsten und schnellsten gelangt man auf die Festung mit der ältesten Standseilbahn Österreichs, der Festungsbahn, am abenteuerlustigsten ist allerdings ein Auf- oder Abstieg zu Fuß.

Ein Besuch auf einer Festung ist für Kinder sehr aufregend. Sei es die Aussicht über die barocken Dächer von Salzburg oder das Areal selbst. Denn so eine Burg ist wie ein kleines Dorf: mit Schänke, Stallungen, Zeughaus und anderen mittelalterlichen Einrichtungen.

Doch ein besonderer Höhepunkt sind mit Sicherheit die Fürstenzimmer. Die gotischen Räumlichkeiten, in denen die Fürsterzbischöfe lebten und feierten, sind beeindruckend. Perfekt für Kinder: Multimedial erfahren hier die großen und kleinen Besucher alles über Salzburgs Herrscher und kommen aus dem Staunen gar nicht mehr raus. Einen weiteren Wow-Moment gibt es gleich nebenan: das Magische Theater ist unglaublich faszinierend. Hier wird die Geschichte der Festung als ganz besonderes Stück erzählt.

TIPP: Gegenüber der Festungsbahn-Talstation, in der Festungsgasse 3, kann man in dem kleinen Fotostudio Photo Anno 1900 Antikfotos machen lassen.

Außerdem kann man auf der Festung den Audio-Guide-Rundgang speziell für Kinder machen. Da geht es durch Galerie, Folterkammer, Aussichtsturm und das Zeughaus. Wer eine kleine Stärkung braucht, kann in der Schänke einkehren oder auf den Bänken eine Jausenpause einlegen.

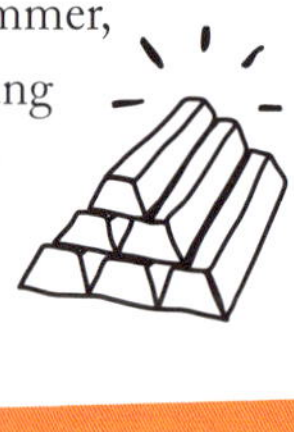

Adresse Mönchsberg 34, 5020 Salzburg, bedingt barrierefrei // **ÖPNV** Bus 3, 5, 6, 7, 8, 9, 10, 14, 25, 27, 28, Haltestelle Mozartsteg/Rudolfskai // **Öffnungszeiten** Mai – Sept. 8.30 – 20 Uhr, Okt. – April 9.30 – 17 Uhr // ab 1 Jahr

38_DER FUSSBALLGOLF-PLATZ

Abseits vom richtigen Handicap

Mama und Papa lieben Golf, und die Kinder spielen lieber Fußball? Wie kann man das nur vereinen? Ganz einfach, mit Fußballgolf. Der Soccerpark kombiniert beide Sportarten mit jeder Menge Spaß! Außerdem erfordert die Funsportart aus dem Norden auch eine Extraportion Taktik und Strategie. Es gilt, das Runde muss ins Runde, nur größer und mit dem Fuß! Da heißt es kühlen Kopf bewahren und volle Konzentration. Außer gute Laune und Sportschuhe ohne Noppen oder Stollen braucht man nichts mitzubringen.

Es wird genau wie beim Golf auf 18 Bahnen gespielt – nur ganz ohne Schläger, dafür mit Fußball. Ziel ist es, mit möglichst wenig Schüssen über Hindernisse einzulochen. Steinblöcke, Holzstämme, Sandbunker, aber auch Reifen bilden eine große Herausforderung, um am Ende, bei Bahn 18, den Fußball im Vulkan zu versenken. Neben einem einmaligen Erlebnis für die ganze Familie wird so auch ganz schön gesportelt. Denn die Bahnen sind zwischen 50 und 175 Meter lang, insgesamt legt man mindestens zwei Kilometer zurück. Das macht hungrig und durstig. Glücklicherweise sind am Kiosk Getränke und Snacks erhältlich.

Wie wäre es mit einer etwas anderen Geburtstagsparty? Im überdachten Stadl haben Kids auch die Möglichkeit zu feiern!

Adresse Oberaustraße 33, 5072 Siezenheim // Anfahrt beim Kreisverkehr nach der Ausfahrt Siezenheim (von Süden kommend) die 2. Ausfahrt (Schrotthandel A. Haas) und in die Mühlwegstraße, vorbei am Bundesheer bis zur Holzmeisterstraße und dann rechts fahren, nach circa 100 Metern gleich wieder links in die Grenzstraße, auf dieser etwa 300 Meter bleiben und dann links in die Austraße; diese mündet in die schmale Oberaustraße // Öffnungszeiten März je nach Witterung Fr–So ab 10 Uhr, April, Mai, Mitte Sept.–Okt. Mo–Fr ab 12 Uhr, Sa, So ab 10 Uhr, Juni täglich ab 10 Uhr, Juli–Mitte Sept. täglich ab 9 Uhr, aktuelle Zeiten auf www.soccerpark.at // ab 6 Jahre

TIPP: Nach dem Fußballgolfen kann man in der Pfenninger Alm gegenüber einkehren und seinen Sieg feiern.

39_DER HANGAR-7

Dieses Museum verleiht Flügel

Haben wir nicht alle schon mal vom Fliegen geträumt? Im Hangar-7 Flugzeugmuseum, direkt neben dem Salzburger Airport, können Kinder in eine Welt eintauchen, die ihnen Flügel verleiht. Der Hangar-7 beeindruckt nicht nur durch seine Optik – er wirkt wie eine überdimensionale Glaswolke –, das Museum bietet auch eine großartige Ausstellung mit zahlreichen fliegenden Exponaten, die nicht nur Kinderherzen höherschlagen lassen. Es gibt so viel zu entdecken in diesem besonderen Museum: viele historische Flugzeuge der Flying-Bulls-Flotte, die Red Bull Stratos, den Fluganzug von Felix Baumgartner, mit dem er einst den Ärmelkanal überquerte, sowie heiße Boliden aus dem Rennsport. Das Beste: Der Eintritt in das Überflieger-Museum ist kostenlos.

Zu der majestätischen Flotte zählen unter anderem eine Douglas DC-6B und eine North American B-25J »Mitchell«. Die historische Sammlung der Flying Bulls ist nicht nur schön anzusehen und zu besichtigen, nein! Jede einzelne Maschine ist flugtauglich und wird immer noch geflogen. Daher kann es auch sein, dass nicht zu jedem Zeitpunkt alle Exponate ausgestellt sind, da die Flugzeuge und Formel-1-Boliden im Rahmen von Flugshows und Events immer gern im Einsatz sind und um die Welt reisen. So wie es sich für echte Flugzeuge gehört.

Auch noch interessant für Familien: Im Hangar-7 befinden sich neben dem Museum auch ein Café und ein Shop, in dem man sich von Kopf bis Fuß einkleiden und viele tolle Souvenirs mitnehmen kann.

Adresse Wilhelm-Spazier-Straße 7a, 5020 Salzburg // ÖPNV Bus 10, Haltestelle Pressezentrum // Öffnungszeiten täglich 9–22 Uhr, Achtung: Mo und Do bei Fernsehaufzeichnungen ab 20 Uhr geschlossen // ab 3 Jahre

TIPP: Selbst einmal ein paar Runden drehen und um die Wette fahren kann man in der Kartworld in der Anton-Graf-Straße 7 in Salzburg-Parsch.

40_DIE HEILIGE STIEGE

Die Kajetanerkirche ist nichts für weiche Knie

Wer glaubt, dass Kirchen nichts für Kinder sind, wird in Salzburg eines Besseren belehrt. Salzburg gilt nicht nur als die Kulturstadt Österreichs, nein, sie ist auch als Kirchenstadt bekannt und verfügt besonders in der Altstadt über eine große Dichte an Gotteshäusern. Das sieht man besonders gut, wenn man von einem der vielen Aussichtsplätze über die Dächer blickt: zahlreiche Kirchtürme und Kuppeln, so weit das Auge reicht.

Kirchen müssen durchaus nicht verstaubt und langweilig sein. Sie bieten viele Überraschungen und Geschichte(n), die es zu erforschen und erkunden gibt. Ein gutes Beispiel dafür ist die Kajetanerkirche am gleichnamigen Platz im Kaigassenviertel. Dieses Gebäude hat nicht nur eine lange Geschichte, es verbirgt auch eine Sehenswürdigkeit, die jeden in die Knie zwingt. Denn im Inneren der Kirche, und zwar im linken Seitengebäude, ist die Heilige Stiege, die nach dem Vorbild der Scala Santa in Rom gebaut wurde. Diese besondere Marmorstiege kann man nur einmal die Woche besuchen. Man sollte unbedingt Geduld, Kraft und Ausdauer mitbringen, denn die 29 Stufen sind nur kniend »begehbar«.

Wer sich die Stiegen genauer anschaut, entdeckt auf den Stufen 11 und 28 Kreuze, welche für die Blutstropfen Jesu Christi stehen. Das Kreuz der Nummer 2 ging leider verloren, daher kann man heute nur mehr die Einfassung erkennen. Die Kreuze stammen übrigens aus Rom, was als besondere Ehre galt.

TIPP: Wer gern auf der Spur geheimnisvoller Kirchen ist, schaut am besten in der Franziskanerkirche vorbei, im Eingangsportal verbirgt sich eine eingemauerte »Schwurhand«.

Adresse Kajetanerplatz 1a, 5020 Salzburg // **ÖPNV** Bus 3, 5, 6, 7, 8, 9, 10, 12, 14, 21, 25, 27, 28, Haltestelle Justitzgebäude // **Öffnungszeiten** Sa 11–12 Uhr // ab 3 Jahre

41_DIE HELLBRUNNER FAHRRADTOUR

Mit dem Radl durch die Hellbrunner Allee

Die Stadt Salzburg können auch schon die Kleinsten wunderbar mit dem Fahrrad entdecken, ob an der schönen Salzach entlang oder zum Beispiel von der Stadt aus durch die Hellbrunner Allee bis zum Schloss und dem Hellbrunner Park, wo man viele tolle Dinge entdecken und erleben kann (siehe Ort 59 und 93). Die knapp drei Kilometer lange Allee ist für Autos gesperrt, also ausgesprochen praktisch für einen Familienausflug. Man muss nur auf die Reiter und Jogger achten, die einem entgegenkommen. Eine kleine Fahrradtour zahlt sich auf jeden Fall aus und ist eine tolle Möglichkeit, die Stadt zu erkunden, den Wind in den Haaren zu spüren und durch die älteste erhaltene herrschaftliche Allee in ganz Mitteleuropa zu strampeln, das hätten die Fürsten bestimmt auch gemacht.

Der beste Startpunkt ist im Stadtteil Nonntal bei der Universität. Weiter geht es über Freisaal, vorbei am gleichnamigen Schloss, durch den wundervollen, geschützten Landschaftsteil, bis nach Anif. Da die Allee nicht betoniert ist, geht es hier über Stock und Stein, vorbei an beeindruckenden Herrschaftssitzen, Landschaftsgärten und Schlössern.

Die Allee zählt als Naturdenkmal und beeindruckt mit ihrer Flora und Fauna: zahlreiche mehrhundertjährige Eichen sowie Schwarzpappeln und Rotbuchen säumen den Weg. Beste Bedingungen für Fledermäuse, Vögel und anderes Getier, die sich hier sehr wohlfühlen. Bei der nächsten Mondschein-Radtour empfiehlt es sich also, mal Ausschau zu halten, ob man Fledermäuse entdeckt.

Adresse Erzabt-Klotz-Straße 1, 5020 Salzburg // ÖPNV Bus 5, 9, 21, 25, Haltestelle Petersbrunnstraße // ab 3 Jahre

TIPP: Mit dem Fahrrad kann man auch gemütlich an der Salzach entlangfahren, zum Beispiel bis nach Oberndorf zur Stille-Nacht-Kapelle.

42_DAS HEXENLOCH IN AIGEN

Mutprobe im verwunschenen Märchenwald

Einst galt der Aigner Park als herrschaftliches Ausflugsziel für die Adeligen aus dem ganzen Land, heute vermutet man hier eher Elfen, Zwerge und Feen. Ein Besuch im Aigner Park gleicht einem Ausflug in einen verwunschenen Märchenwald.

Das Auto parkt man an der Hundewiese, hier befindet sich auch der Eingang zum Aigner Park. Man wandert am Wasser entlang, über Stock und Stein in Richtung Schleusenbrücke, vorbei an dem kleinen angestauten See des Felberbaches und an moosüberwachsenen Felsen. Eine mystische Stimmung liegt über allem in diesem Wald, und man fragt sich, ob die Zwerge und Elfen gleich hinter den Bäumen hervorschauen. Nach ungefähr 15 Minuten landet man an diesem ganz besonderen, fast etwas unscheinbaren Ort: dem Eingang ins Hexenloch. Diese geheimnisvolle untere Grotte hat einen natürlichen Ursprung, wurde aber im 19. Jahrhundert erweitert.

Eine Mission für besonders Mutige: Schuhe ausziehen und hinein in den Bach. Denn, was viele nicht ahnen, man sollte unbedingt in die Höhle hineingehen. Aber vorsichtig, der Weg führt durch das Bachbett und über glitschige Steine und ist nichts für kleine Kinder! Belohnt wird man im Inneren des Hexenloches mit der Entdeckung eines wunderschönen kleinen Wasserfalls.

Früher waren die Menschen davon überzeugt, dass das Wasser Heilwirkung besaß, vielleicht haben sich die Hexen deshalb diesen Ort ausgesucht? Das Heilwasser hat ihnen bestimmt geholfen, den ein oder anderen Zaubertrank zu brauen.

Adresse Schwarzenbergpromenade 47, 5026 Salzburg-Aigen // **ÖPNV** Bus 7, Haltestelle Salzachstraße oder Schnellbahn S 3, Haltestelle Bahnhof Salzburg Aigen // ab 3 Jahre

TIPP: In der Wolf-Dietrich-Straße stand früher der Hexenturm, an den nur noch eine Malerei an dem heutigen Wohnhaus erinnert.

43_DIE HOCHALPINE UNTERSBERGBAHN

Sagenhafter Ausflug ins Abenteuer

Der sagenumwobene Untersberg ist einer von Salzburgs Hausbergen. 1.972 Meter ist er hoch und mehr als nur sagenhaft schön! Denn über ihn gibt es viele spannende Geschichten zu erzählen, der Sage nach schläft Kaiser Karl der Große noch immer in seinem Innersten und wacht nur alle 100 Jahre auf.

Der Untersberg gilt als Ausflugsziel, wenn man schnell hoch hinauswill, zum Wandern, Klettern oder Genießen. Man kann ihn auf verschiedensten Wanderwegen oder besonders abenteuerlich mit der Untersbergbahn erreichen. Da kommt schon mal Gänsehaut auf, denn teilweise schwebt die Bahn ganz schön knapp an den steilen Felswänden entlang! Da bleibt den kleinen Gipfelstürmern schon mal der Mund offen.

In weniger als zehn Minuten geht's von der Talstation in St. Leonhard bei Grödig hinauf zum Geiereck, man legt ganze 1.320 Meter Höhenunterschied zurück und wird mit einem atemberaubenden 360-Grad-Panorama-Ausblick belohnt. Bei Schönwetter kann man sogar bis zum Chiemsee sehen. Infotafeln helfen, auch den Dachstein zu entdecken. Von hier aus kann natürlich losgewandert werden, oder man macht es sich in einem Liegestuhl bequem, während die Kinder über die Almwiese toben.

Aufi auf den Berg und owiwedeln: Im Winter wird die Untersbergbahn gern von Skifahrern genutzt! Wer aber an gemütliches Skifahren denkt, der irrt: Oben angekommen, muss man erst mal 15 Minuten bis zur Abfahrt stapfen. Bei guter Schneelage wird der Einsatz mit einer 7,5 Kilometer langen Talabfahrtstrecke bis nach Fürstenbrunn belohnt.

TIPP: Wer mehr über die Sagen des Untersbergs erfahren möchte, schaut im Untersbergmuseum am Kugelmühlweg 4 in Grödig vorbei.

Adresse Dr.-Friedrich-Oedl-Weg 2, 5083 Gartenau, Tel. 06246/72477, www.untersbergbahn.at, Achtung: hochalpines Gelände, daher bitte auf entsprechende Kleidung und gutes Schuhwerk achten; achtsames Verhalten ist unbedingt notwendig // **ÖPNV** Bus 25, 28, Haltestelle Grödig Untersbergbahn // **Öffnungszeiten** Betriebszeiten täglich jeweils zur vollen und halben Stunde // ab 0 Jahre

44_DER KASNOCKNWIRT

Die besten der Stadt gibts am Gaisberg

Zu Salzburgs kulinarischen Gaumenfreuden gehören mit Sicherheit die heimischen Kasnockn. Eigentlich kann man dieses Traditionsgericht ganz einfach nachkochen, da es grundsätzlich nur aus wenigen Zutaten wie Wasser, Mehl und Ei besteht! Aber der Profi weiß, Kasnockn sind nicht gleich Kasnockn. Denn natürlich hat das auch was mit dem Käse zu tun, und dem Koch! Man sagt sogar, je mehr sie »riechen«, desto besser schmecken sie. Das liegt an dem ganz speziellen und besonderen Kasnocken-Kas, der nicht fehlen darf.

Am besten probiert man diese eher deftige Delikatesse da, wo man sich besonders gut mit Kasnocken auskennt: Im Kasnocknwirt – dem Alpengasthof Mitteregg am Gaisberg. Hier gibt es nämlich angeblich die besten weit und breit. Der urige Gasthof oben am Gaisberg macht seinem Ruf alle Ehre. Hier werden die Kasnockn noch in einem großen Pfandl für alle serviert. Im wahrsten Sinne des Wortes gibt es obendrauf den traditionellen grünen Salat in einer großen Schüssel, zum Teilen für alle am Tisch. Es empfiehlt sich also eine große Familienpfanne.

Der Alpengasthof hat aber nicht nur die besten Kasnockn. Die Mitarbeiter sind auch ausgesprochen kinderfreundlich und aufmerksam. So bekommen die kleinen Gäste einen Extra-Service. Und damit es beim Warten nicht langweilig wird, gibt es Malsachen für die Kids.

TIPP: Im Museum Zum Pulvermacher in Elsbethen-Glasenbach gibt es neben sehenswerten explosiven Exponaten auch eine große Sammlung von bäuerlichen und handwerklichen Ausstellungsstücken.

Adresse Oberwinkl 78, 5061 Elsbethen am Gaisberg, www.zum-kasnocknwirt.at // **ÖPNV** Bus 151, Haltestelle Gaisberg Mitteregg // **Öffnungszeiten** Do–Mo 12–20 Uhr // ab 1 Jahr

45_DAS KASPERLTHEATER IM OVAL

Der Klassiker von der Friedburger Puppenbühne

Eine Kindheit ohne Kasperl? Unvorstellbar! Seit Jahrzehnten bringt der Kasperl Kinderaugen zum Strahlen, Kinderherzen zum Lachen, Kinderfüße zum Stampfen und Kinderhände zum Klatschen. Wir kennen ihn aus dem Fernsehen oder aus der Spielzeugkiste zu Hause. Der Kasperl kommt mit seinen besten Freunden Petzi und Strolchi schon immer in unsere Wohnzimmer und macht kleine und große Kinder froh.

Ein besonderes Erlebnis ist es aber, ein Kasperltheater zu besuchen. Am besten macht man das in Salzburg im Oval, der Bühne im Europark. Dort tritt regelmäßig die Friedburger Puppenbühne mit ihren Kasperl-Stücken auf. Die Geschichten von Kasperl und seinem Hundefreund Strolchi sind immer wieder saisonal angepasst, so gibt es beispielsweise im Sommer Urlaubsgeschichten und im Winter Weihnachtsgeschichten. Immer fix dabei ist eine gute Portion Spaß und Abenteuer. Doch ein guter Kasperl ist nichts ohne sein Publikum! Darum bindet er die kleinen Zuschauer auch immer mit ins Geschehen ein. So werden die Kinder um Rat und Tipps gefragt, da sie ja ein gutes Auge haben und dem Kasperl behilflich sein können, ein Rätsel zu lösen. Da wird mit allem Einsatz gerufen, gewarnt, angefeuert, gestampft und geklatscht. Die Spieldauer ist ungefähr 40 Minuten. Nach dem Stück verabschiedet der Kasperl seine Besucher sogar persönlich, und die Kleinen dürfen ihm die Hand schütteln.

Beim Ausgang gibt es auch einen kleinen Fanshop, wo man sich eine Portion Kasperl mit nach Hause nehmen kann.

TIPP: Im Europark gibt es den Mini Lollipop, ein Spielparadies für Kinder bis vier Jahre. Es befindet sich im Erdgeschoß direkt unter dem Theater.

Adresse Oval, Europark, 1. Stock, Europastraße 1, 5020 Salzburg // **ÖPNV** Bus 1, 9, 12, Schnellbahn S 2, S 3, S 4, Haltestelle Europark Salzburg Taxham // **Öffnungszeiten** Spielplan online auf www.oval.at // ab 3 Jahre

46_DER KELTENBLITZ

Sommerrodeln auf der längsten Rodelbahn Salzburgs

Rodeln nur im Winter? Falsch! Ganz falsch! In Salzburg kann man auch im Sommer rodeln, und zwar in Bad Dürrnberg, vor den Toren der Stadt. Mit 2,2 Kilometern ist der Keltenblitz die längste Rodelbahn des Bundeslandes. Also auf den Berg, fertig, los!

Hinauf geht's erst mal mit dem Zweier-Sessellift »Zinkenlifte« bis zum Bergrestaurant Zinkenstüberl auf 1.336 Meter Seehöhe. Um die Rodeln muss man sich aber nicht kümmern, diese werden allein nachgeschickt. Nach einer steilen und abenteuerlichen Liftfahrt oben angekommen, geht es dann durch das Zinkenstüberl durch, immer der Beschilderung folgend. Wer mag, kann natürlich auch vor dem Hinunterflitzen einkehren und sich für das Abenteuer stärken. Die Kleinen freut auch sicher ein Besuch im Streichelzoo.

Hinunter geht es dann gern gemütlich oder auch flotter, dies entscheidet der Fahrer/die Fahrerin selbst. Doch es gibt Speedlimits, die maximale Geschwindigkeit beträgt 40 Stundenkilometer. Kinder unter sechs Jahren dürfen nur in Begleitung, um ganz genau zu sein auf dem Schoß der Begleitung, hinunterrodeln. Dafür werden sie auf den Erwachsenen gesetzt, angeschnallt, und ab geht die Post. Gewagte Kurven und steile Passagen sorgen bei maximaler Sicherheit für einen unvergesslichen Freizeitspaß für die ganze Familie. Zur Erinnerung kann man sich noch ein Zielfoto ausdrucken lassen.

TIPP: Ganz in der Nähe befinden sich die Salzwelten Hallein, wo man durch mystische Stollen wandern und in die jahrtausendealte Geschichte rund ums »weiße Gold« eintauchen kann.

Adresse Weissenwäschweg 19, 5422 Bad Dürrnberg, www.duerrnberg.at // **Anfahrt** A10 Tauernautobahn, Abfahrt Hallein, über die Perner-Insel, rechts abbiegen in die Dürrnberg-Landesstraße Richtung Dürrnberg // **Öffnungszeiten** Juni – Okt., nur bei Schönwetter, genaue Öffnungszeiten online // ab 3 Jahre

47_DIE KINDERFESTSPIELE

Klassik erleben für die Kleinsten

In der Festspielstadt Salzburg wird Kultur großgeschrieben, und diese gibt es schon für die Kleinsten. Die Kinderfestspiele entführen mit symphonischen Familienkonzerten Kinder von drei bis 10 Jahren

in die aufregende Welt der klassischen Musik. Die Konzertgeschichten sind auf die verschiedenen Altersstufen abgestimmt und verzaubern gemeinsam mit einem Symphonieorchester die kleinen Theaterbesucher. So wird Klassik lebendig und auch für Kinder verständlich.

Im Programmplan findet man für jeden das Richtige, ob Ballett, Oper, zentrale Werke der Musikgeschichte, Weihnachtskonzert oder Komponisten im Porträt, wie zum Beispiel »Beethoven für Kids«. So lernen die Kinder geniale Musiker und Komponisten näher kennen: Denn wer war dieser Ludwig van Beethoven eigentlich, was hat er erlebt?

Das Programm variiert jährlich, und die Familienkonzerte dauern je 60 Minuten. Jedes Konzert erzählt eine Geschichte, die von wenigen Schauspielern dargestellt wird. Alle Werke werden in Originalbesetzung gespielt, daher ist immer ein komplettes Symphonieorchester auf der Bühne zu erleben.

Die Handlungen werden an das kleine Publikum angepasst, so gibt es schon mal das Ballett »Romeo und Julia« mit einem Happy End. Die Begeisterung von den Mitwirkenden und dem Team für dieses Projekt ist ansteckend, und viele Kinder nehmen diese Freude mit nach Hause, wo gern einmal die Musik mit den Geschwistern und Freunden nachgehört wird.

Adresse Veranstaltungsort: Große Universitätsaula Salzburg, Hofstallgasse 2-4, 5020 Salzburg, Aufführungsort kann je nach Vorstellung wechseln // **ÖPNV** Bus 1, 8, 10, 22, 27, Haltestelle Herbert-von-Karajan-Platz // **Öffnungszeiten** Spielplan und Tickets auf www.kinderfestspiele.com // ab 3 Jahre

TIPP: Im »The English Center«, in der Haunspergerstraße 37a, gibt es für Kinder ab 0 Jahre ein tolles Angebot: Bei verschiedensten Kursen wie »Music Together®« oder »Saturday Morning Stories« wird in englischer Sprache musiziert, gebastelt oder zusammen gelesen. Für ältere Kinder gibt es auch Sprachreisen.

48_ DAS KINDERGROSSE SCHACHBRETT

Strategiespiele mit Dame und König vorm Dom

Ein wahrlich königliches Spiel rund um Strategie erwartet Kinder am Kapitelplatz. Mit dem Bauer auf Augenhöhe geht es hier ins nächste Match, oder besser gesagt in die nächste Partie, so nennt man ein Spiel im Schach. Zwischen dem Dom und der Kapitelschwemme, direkt im Schatten der Goldenen Kugel, findet man ein riesengroßes Schachbrett und hat die Möglichkeit, mit kindergroßen Figuren seine vielleicht erste Schachpartie zu spielen. Auch wenn die meisten Kinder vielleicht noch nie mit Schach in Berührung gekommen sind, staunen die Kleinen nicht schlecht, dass die Figuren fast so groß wie sie selbst sind, und schnell finden sie ihr eigenes Spiel. Man kann ja auch einfach »kastlhupfen«.

Schach zählt zu den beliebtesten Brettspielen der heutigen Zeit. Ob zum Vergnügen oder im Wettkampf, das Spiel rund um Turm, Läufer, Bauer, Dame, Ross und König fasziniert Klein wie Groß. Unter den Augen des Sphaera – der großen männlichen Figur auf der goldenen Kugel – kann man auf einem der repräsentativsten Plätze der Stadt versuchen, den gegnerischen König schachmatt zu setzen.

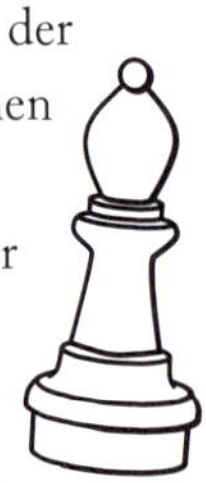

Am Kapitelplatz ist immer einiges los, und er ist ein guter Ausgangspunkt für so manch eine Erkundungstour durch die Stadt, ob zur Festungsbahn, zum Petersfriedhof oder durch die Arkaden direkt auf den Domplatz, man ist umgeben von so manch beeindruckender Attraktion, die es nach der gewonnenen Schachpartie anzusehen lohnt. Oder man schlendert zu den Verkaufsständen, die sich auch auf diesem Platz etabliert haben.

TIPP: Das erste Schachspiel oder viele andere Spielsachen für zu Hause kann man im Spielwarenladen Klexx am Ferdinand-Hanusch-Platz 1 kaufen.

Adresse Kapitelplatz, 5020 Salzburg // **ÖPNV** Bus 3, 5, 6, 7, 8, 9, 10, 14, 25, 28, 27, Haltestelle Mozartsteg/Rudolfskai // **Öffnungszeiten** jederzeit // ab 1 Jahr

49_DER KIRCHLICHE LAGERFEUERPLATZ

Feuer in der Kollegienkirche

Ein Besuch in der Kirche muss ganz und gar nicht langweilig und uninteressant sein. In Salzburgs Kirchen gibt es viele spannende Geschichten und Geheimnisse zu entdecken. Man könnte eine ganze Schnitzeljagd dazu machen! Eins der Geheimnisse verbirgt sich zum Beispiel in der Kollegienkirche, bei den Salzburgern auch als Universitätskirche bekannt. Die wunderschöne Kirche am Grünmarkt hat eine bewegte Vergangenheit und geheimnisvolle Geschichten zu erzählen, so diente sie beispielsweise auch als Lazarett, Akademisches Gymnasium oder Festspielstätte.

Wenn man die imposante Kirche am Universitätsplatz betritt, ist man beeindruckt und überrascht gleichermaßen. Man muss kein erprobter Kirchenbesucher sein, um ein Gefühl für diesen Raum zu bekommen. Es ist hell, weitläufig und schlicht, irgendwie ganz anders als andere Kirchen, in denen es oft eher dunkel und »voll« ist. Doch die Aufmerksamkeit bei einem Besuch in der Kollegienkirche sollte man dem schönen Marmorboden schenken, der so manchen vielleicht an ein Schachbrett erinnert.

Wer in der Mitte ganz genau hinschaut, erkennt einen großen Brandfleck im Marmorboden. Doch wo kommt dieser her? Den Aufzeichnungen nach stammt er aus der Zeit der Besatzung durch Napoleon und die französischen Truppen. Sie nutzten damals die Kollegienkirche als Unterstall für ihre Pferde und als Heulager. Da es in den Nächten schon mal kalt wurde, haben sie die Kirche mit Lagerfeuern beheizt.

TIPP: Am Universitätsplatz vor der Kirche gibt es einiges zu entdecken: zum Beispiel das historische Brunnenbecken vom Marktbrunnen, welches übrigens ein reiner Trinkwasserbrunnen ist.

Adresse Universitätsplatz 1, 5020 Salzburg // **ÖPNV** Bus 1, 8, 10, 22, 27, Haltestelle Herbert-von-Karajan-Platz // **Öffnungszeiten** täglich 9–20 Uhr // ab 3 Jahre

50_DER KLASSISCHE EISLAUFPLATZ

Unter Mozarts Augen mit den Kufen im Kreis laufen

Einmal mit geschliffenen Kufen vor dem Rockefeller Center in New York seine Runden ziehen, das wünscht sich manch einer vielleicht. Auch wenn dieser Wunsch in Salzburg nicht in Erfüllung gehen kann, gibt es eine fast noch aufregendere Atmosphäre für die Freunde des Eislaufens. Und zwar vor den Augen Wolfgang Amadeus Mozarts am Mozartplatz. Hier kann man von Anfang November bis Anfang Jänner vor der Winterlounge übers (Kunst-)Eis schlittern. Vorausgesetzt, es herrscht kein Starkregen, Wind oder Schneefall. Da muss die Eislaufbahn geschlossen bleiben.

Ein Wintermärchen in magischer Atmosphäre für Groß und Klein: Die Lichterketten blinken und leuchten, Musik ertönt, ein herrlicher Blick auf Domplatz und Festung. Sollte man nicht das notwendige Equipment dabeihaben, gibt es vor Ort einen Eislaufschuhverleih und für Anfänger eine Fahrhilfe.

Wem es langsam kalt um die Nase wird, der kann ein Päuschen einlegen und sich in der Winterlounge bei Feuerschalen und einem guten Glas (alkoholfreiem) Punsch von Treml aufwärmen. Gemütliche Loungemöbel und Decken zum Einkuscheln gibt es genug, sodass man gern länger bleibt und das winterliche Treiben in der Stadt genießt.

In der Adventszeit befindet man sich auch gleich am idealen Startplatz für eine große Christkindlmarkt-Tour.

Nach dem Eislaufen kann man also gleich noch eine Runde drehen und schillernde Christbaumkugeln bestaunen.

TIPP: Am romantischen Leopoldskroner Weiher, direkt vorm Schloss Leopoldskron, kann man auch seine Bahnen ziehen, dies ist aber nur möglich, wenn der Weiher komplett zugefroren ist.

Adresse Mozartplatz, 5020 Salzburg, Tel. 0662/633363, www.punsch.at/winterlounge-eislaufplatz // **ÖPNV** Bus 3, 5, 6, 7, 8, 9, 10, 14, 25, 28, 27, Haltestelle Mozartsteg/Rudolfskai // **Öffnungszeiten** Anfang Nov.–Jan. Mo–Do 11.30–22 Uhr, Fr–So 10–22 Uhr // ab 4 Jahre

51_DAS KLAUSENTOR

Haarscharfe Busmanöver durchs Nadelöhr

Einst gab es rund um Salzburg eine Stadtbefestigung mit diversen Toren, welche die Bischofsstadt vor unerwünschten Eindringlingen oder feindlichen Angriffen schützen sollte. Ein paar dieser alten Stadttore sind auch heute noch erhalten und prägen das Straßenbild. Die historischen Bauten sind Teil der hiesigen Verkehrsinfrastruktur, und wenn man in der Stadt unterwegs ist, egal ob mit Auto, Bus, Fahrrad oder zu Fuß, kann es durchaus vorkommen, dass man auch durch eines hindurchmuss.

Eine besondere Attraktion unter den Toren ist das Klausentor, welches drei Stockwerke hoch ist und direkt an den Mönchsbergfelsen gebaut wurde. Hier muss man durch, wenn man mit einem fahrbaren Untersatz vom Stadtteil Mülln in Richtung Süden unterwegs ist. Dieses äußerst schmale Tor ist für Kinder besonders spannend zu beobachten, denn wenn die großen Busse und Lastwagen sich hindurchschlängeln, geht es ganz schön knapp zu. Von den Buslenkern ist da Zentimeterarbeit gefragt. Auch wenn hier Einbahnregelung herrscht, bleibt einem beim Zuschauen schon fast der Atem stehen, wenn die großen Fahrzeuge ihre haarscharfen Manöver durchführen.

Wenn man selbst mal erleben will, wie knapp es für den Passagier ist, nimmt man am besten den O-Bus mit der Nummer 4 oder 7 und probiert es mal aus.

Ob wohl das Fresko mit den zwei Engeln, die das Stadtwappen halten, zum Schutz vor Eindringlingen angebracht worden ist? Wer weiß?

TIPP: Mehr Einblick in die Welt des öffentlichen Verkehrs kann man bei einer Besichtigung der Leitstelle der Obus Remise bei der Salzburg AG bekommen.

Adresse Ursulinenplatz 10, 5020 Salzburg // **ÖPNV** Bus 4, 7, 9, 21, 24, 27, 28, Haltestelle Bärenwirt // ab 1 Jahr

52_DER KLETTERDIAMANT

Die Aussicht am Spielplatz an der Salzach genießen

Diesen Spielplatz mitten in der Stadt muss man gesehen haben. Er bietet mit seiner zentralen Lage am Franz-Josef-Kai eine tolle Möglichkeit, eine kleine Pause vom Shopping zu machen. Der Spielplatz direkt in der Altstadt am Salzachufer, neben dem Rot-Kreuz-Parkplatz, ist ein Vergnügen für alle Altersgruppen: vom Kleinkind bis zu Jugendlichen gibt es für jeden was zu erleben.

Hoch hinaus geht es auf dem riesigen Klettergerüst, das einem Diamanten gleicht. Hier können sich die Besucher einen guten Überblick verschaffen. Fünf Meter ist dieses Kletternetz hoch und einmalig in der ganzen Stadt. Oben angekommen, hat man einen tollen Ausblick auf die schöne Altstadt und über die Salzach. Wer weiß, vielleicht sieht man auch das Ausflugsschiff »Amadeus« Walzer auf den Wellen tanzen.

Aber auch für die, die nicht so gern klettern, hat dieser Spielplatz mit seiner tollen Lage bestimmt das passende Erlebnis parat und bietet abwechslungsreichen Spaß: Rutschen am Hang, Wippen oder Karussell fahren. Die Kinder sind auf jeden Fall eine Weile beschäftigt.

Wer beim Spielen durstig geworden ist, kann seine Trinkflaschen beim Salzachweibchen, dem Trinkwasserbrunnen, auffüllen. Der befindet sich außerhalb des Spielplatzareals, auf der Seite vom Parkplatz. Hier kann man frisches Wasser zapfen oder auch einfach direkt trinken. Obwohl der Spielplatz so zentral gelegen ist, ist er einigen Salzburgern gar nicht bekannt!

Adresse Ursulinenplatz 10, 5020 Salzburg // **ÖPNV** Bus 1, 4, 7, 8, 9, 10, 21, 22, 23, 24, 27, 28, Haltestelle Ferdinand-Hanusch-Platz // **Öffnungszeiten** rund um die Uhr // ab 0 Jahre

TIPP: An Samstagen kann man an der Salzach flanieren und bei den Salzachgalerien shoppen.

53_DAS KLETTERNETZ IM WASSER

Baden mit Blick auf Burg in Leopoldskron

Um sich an Sommertagen abzukühlen, bietet Salzburg Stadt viele verschiedene Möglichkeiten, darunter auch ganz klassisch: Freibäder. Zu den schönsten zählt bestimmt das »Lepi«. Das Leopoldskroner Bad ist das größte Freibad der Stadt, befindet sich im selbigen Stadtteil und bietet für die ganze Familie ein tolles Angebot.

Insgesamt gibt es fünf Becken für Groß und Klein. Darunter ein großzügiger, schattiger Planschbereich mit Bankerln, an denen Mama und Papa die kleinsten Wasserfrösche gut im Auge behalten können. Für die etwas größeren Kleinen gibt es ein Kinderbecken mit Wellen- und Röhrenrutsche. Der Einstiegsbereich für Nichtschwimmer ist sehr flach und mit einem Sonnensegel geschützt. Auf kindergroßen Spritztieren kann geklettert und getobt werden.

Hinter der Schwimmer-Abgrenzung befindet sich das coolste Highlight: Ein über das Wasser gespanntes Kletternetz lässt Kinderherzen höherschlagen. Schwimmen, Planschen und Kletterspaß in einem! Dazu kommt noch der Ausblick, denn in diesem Becken sieht man die große Festung Hohensalzburg, während man selbst in den Seilen hängt oder seine Bahnen schwimmt.

Außerdem gibt es noch ein weiteres großes Familienbecken mit spritzenden Fontänen, ein Sportbecken, viele Liegeflächen und einen tollen Spielplatz. Dieser ist teilweise gut im Schatten gelegen und bietet Schaukeln, Rutschen und Klettermöglichkeiten. Ein kleiner steiniger Kletter-Höhlen-Berg bildet das Zentrum und ist besonders beliebt.

Adresse Leopoldskronstraße 50, 5024 Salzburg, barrierefrei // ÖPNV im Sommer Sonder-Buslinie 23, Haltestelle Leopoldskroner Freibad, Bus 21, 22, 27, Haltestelle Sinnhubstraße // Öffnungszeiten Mai–Mitte Sept. Mo–Fr 9–19 Uhr // ab 0 Jahre

TIPP: Am Leopoldskroner Weiher gibt es einen Spielplatz für große und kleine Kinder mit Blick aufs Schloss.

54_DER KLETTERPARK ANIF

Am Seil über den Waldsee schweben

Im Süden von Salzburg liegt in einem Waldstück versteckt, neben dem Waldbad, der Kletterpark Anif. Eine paradiesische Abenteuerwelt rund um Burma Buckles, Post Mans Walk und Tarzan-Schlingen erwartet die kleinen und großen Gäste. Es geht hoch hinauf in die Baumwipfel, wo man gut gesichert in zwei bis 13 Meter Höhe balancieren und herumklettern kann. Der Hochseilgarten garantiert Abenteuer und Naturerlebnis. Es warten 130 Stationen und tolle Möglichkeiten, die eigene Geschicklichkeit und Motorik unter Beweis zu stellen.

Nach einer kurzen Einweisung für Groß und Klein in Equipment und Park geht es auch schon los. Dank eines einfachen, speziell für Kinder entwickelten Sicherungssystems können Mama und Papa ganz beruhigt einen erlebnisreichen Tag mit den Kids verbringen und ein eigenes Abenteuer starten: zusammen wie Tarzan von Baum zu Baum schwingen oder sich wie Spiderman am Spinnennetz entlanghangeln.

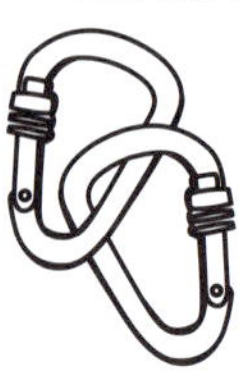

Für die Actionhelden unter den Abenteurern ist bestimmt die Seilrutsche zum Schluss das Highlight! Wer liebt es nicht, an der Zipline über den Badesee zu fliegen? Sich einmal kurz fühlen wie Peter Pan im Nimmerland. Mit der Seilrutsche, dem sogenannten Speed-Flying-Fox, geht es mit bis zu 60 Stundenkilometern etwa 300 Meter übers Wasser.

Aber auch für Kleinkinder gibt es einen eigenen Bereich im Kletterpark, den sogenannten Minikletterpark, wo sie ganz ohne Seil und Helm jede Menge Gaudi haben können. In dem alten Wohnwagen kann man sogar Geburtstage feiern.

TIPP: Im Waldbad befindet sich auch ein Freiluftrestaurant, das kulinarisch vielversprechend ist. Hier gibts Fisch und Fleisch vom Grill.

Adresse Waldbadstraße 40, 5081 Anif // **ÖPNV** Postbus 170, Haltestelle Anif Waldbadstraße // **Öffnungszeiten** April–Okt. Fr 13–18 Uhr, Sa, So 10–17 Uhr (erweiterte Sommeröffnungszeiten siehe online) außer bei Blitz und Donner oder im Regen // ab 1 Jahr

55_DIE KÖNIGSSEEACHE

Majestätischer Geheimtipp mit karibischem Feeling

Kurz hinter der südlichen Stadtgrenze, nur ein paar Autominuten von der Innenstadt entfernt, zwischen Niederalm und Hallein, ist die Königsseeache einfach zu erreichen. Ein wundervoller Ort mit vielen Möglichkeiten für eine kleine Auszeit vom Stadtalltag. Die Königsseeache galt lange als Geheimtipp und ist bei Einheimischen besonders beliebt. Der Spazierweg ist ideal für jedermann: flach, geschottert und auch super mit Kinderwagen begehbar. Kein Wunder, dass hier immer was los ist und man bei seinem Spaziergang entlang des Flusslaufes auf Familien, Jogger oder Hundefreunde trifft.

Da es keine Autos gibt, sind auch Fahrradfahrer gut aufgehoben, und man kann selbst mit jüngeren Kindern gemeinsam eine kleine Tour fernab des Straßenverkehrs unternehmen.

Im Sommer spenden die großen Bäume den notwendigen Schatten, ein wahrlich schönes Platzerl und Erholungsparadies zum Planschen. An manchen Stellen ist das Wasser so klar, dass man beinahe das Gefühl hat, in der Karibik gelandet zu sein. Kein Wunder, dass die Badeplätze entlang der Königsseeache besonders beliebt sind. Das Beste: der Badespaß ist kostenlos. Da der Fluss natürliche Strömungen hat und auch im Sommer sehr kalt ist, sollte man aber immer vorsichtig sein! Um auf Nummer sicher zu gehen, sucht man sich einfach eine der vielen Schotterinseln oder Buchten und streckt nur die Zehen ins Wasser.

TIPP: Wer mehr über Wasserkraft erfahren möchte, kann sich das historisch bedeutsame Kraftwerk Eichetmühle in Grödig aus dem Jahre 1908 anschauen.

Adresse Ein Waldweg zur Ache führt beispielsweise von hier weg: Augasse Ecke Salzweg, 5081 Niederalm // **ÖPNV** Postbus 170, Haltestelle Niederalm Sonystraße // ab 0 Jahre

56_DER KRÄUTERGARTEN ANTHERING

Gegen alles ist ein Kraut gewachsen

Nur zwölf Kilometer nördlich der Stadt Salzburg liegt der beschauliche Ort Anthering, der auf jeden Fall einen Besuch verdient. Denn hier befindet sich seit 1992 ein sehr hübscher Kräutergarten, der ein lohnendes Ausflugsziel für die ganze Familie ist.

Auf dem 1.000 Quadratmeter großen Areal blüht und gedeiht es in voller Pracht und allen Farben, die man sich vorstellen kann. Es gibt über 350 Heilkräuter zu entdecken. Die Beete sind nach Themen angelegt und den verschiedenen Anwendungsgebieten zugeordnet, wie zum Beispiel »Atmungsorgane« oder »Nervenleiden«. Über 700 Tontafeln informieren die großen und kleinen Besucher über die Namen der Heilpflanzen und was sie so draufhaben. Weiters gibt es ein Biotop, Hochbeete, eine Tee-Kräuterecke, Insektenhotels und eine Bienenweide, wo kleine Forscher das Wunder Natur hautnah beobachten und entdecken können.

Um dieses kleine Paradies kümmern sich Frieda und viele weitere Kräuterfrauen aus dem Ort. Höhepunkt der Kräutersaison ist übrigens der 15. August, da findet das Kräutergartenfest statt. An Maria Himmelfahrt gibt es die große Kräuterweihe, zu deren Anlass hier gemeinsam wunderschöne Kräuterbüschel gebunden werden. Ein himmlisches Kräutergartenfest mit Führungen und Kräutermarkt. Die Tage davor ist viel los, denn jeder Kirchenbesucher soll eines dieser liebevoll gebundenen und anschließend geweihten Kräuterbüschel mit nach Hause nehmen können. Aufgehängt in der Stube schützt es vor Krankheit, Blitzschlag und anderen bösen Geistern.

Adresse Schmiedingerstraße 3 A, 5102 Anthering, www.anthering-info.at // ÖPNV Schnellbahn S 1, S 11, Haltestelle Anthering Bahnhof // Öffnungszeiten jederzeit // ab 1 Jahr

TIPP: Ganz in der Nähe befindet sich die Moor- und Kräutererlebniswelt von SonnenMoor. Montags bis freitags können Kinder die Welt kostenlos auf eigene Faust erkunden. Ein einzigartiges Erlebnis für die ganze Familie, in dem ein Insektenspiel, ein Puzzle und vieles mehr darauf wartet, entdeckt zu werden.

57_DER KREATIV-KIDS-CLUB

Das Kunstlabor in der Residenzgalerie

Viele denken bei einem Museumsbesuch nicht gleich an eine kindergerechte Unternehmung, aber das DomQuartier am Residenzplatz mitten im Herzen von Salzburg lehrt uns anderes: nämlich, dass ein Museumsbesuch absolut nicht langweilig sein muss. Im Kreativ-Kids-Club sind Kinder ab dem Kindergartenalter willkommen, in die Welt der schaffenden Kunst einzutauchen. Treffpunkt ist bei der Residenzgalerie. Mamas und Papas dürfen in der Zeit gern draußen warten. Nach einer kurzen Führung können sich die Kinder im Kunstlabor mit verschiedensten Techniken kreativ austoben. Dazu gibt es immer ein Motto, das die kleinen Künstler begleitet. So wird zum Thema passend ein Kunstwerk im Museum mit Kinderaugen gesehen und besprochen, bevor es dann kreativ umgesetzt wird.

Zahlreiche Themen werden angeboten, und so können die Kleinen jedes Mal etwas Neues erleben. Ob auf Spurensuche oder als kleine Kunstexperten, Kinder können einen leichten Zugang in die Kunstwelt gewinnen und ihn mit kreativem Tun verstärken. So werden mal Instrumente oder andere kleine, ganz großartige Kunstwerke gebastelt. In der Adventszeit gibt es Spezial-Kreativ-Kids-Club-Veranstaltungen, wo man sich ganz dem Thema Christkind & Co. widmet.

Zusätzlich im DomQuartier: allgemeine Führungen für die ganze Familie, bestimmte Themenführungen sowie speziell zu ausgewählten Ausstellungen sogenannte Rätsel- und Hands-on-Stationen für die ganze Familie.

Adresse Residenzplatz 1/Domplatz 1a, 5020 Salzburg // ÖPNV Bus 3, 5, 6, 7, 8, 9, 10, 14, 25, 28, 27, Haltestelle Mozartsteg/Rudolfskai // Öffnungszeiten Kreativ-Kids-Club: Do 15–16.30 Uhr, mehr zum Programm unter www.domquartier.at/entdecken-erleben/kinder-und-jugendfuehrungen // ab 3 Jahre

TIPP: Das Eingangstor in den Hof der Alten Residenz ist besonders beeindruckend und sehenswert.

58_DIE KRÖNUNG DER MARIA

Alles eine Sache des Blickwinkels

Der Dom ist bestimmt eines der beeindruckendsten Bauwerke Salzburgs und kaum zu übersehen. Er bildet mit seiner enormen Eleganz das Zentrum der Stadt und ist für Kulturinteressierte ein Must-visit. Zugegebenermaßen klingt dies zunächst für Kinder vielleicht nicht so spannend. Wie interessant ein Besuch hier wirklich wird, ist im wahrsten Sinne des Wortes Ansichtssache. Denn der Dom hält durchaus seine Überraschungen parat. Die wirkliche Attraktion befindet sich nämlich nicht darin, sondern davor.

Und zwar direkt davor, am Domplatz – wo im Sommer alljährlich der gute alte »Jedermann« gespielt wird und im Winter der Christkindlmarkt stattfindet –, thront die Mariensäule. Das Marmor-Bauwerk ist unübersehbar und sehr beeindruckend. Gerade für die Kleinsten, denn die müssen hoch hinaufblicken. Was von hier aus betrachtet wie eine ganz normale Statue aussieht, wird noch beeindruckender, wenn man der Mariensäule den Rücken zukehrt, in Richtung Franziskanergasse spaziert und sich etwa auf der Mitte der Arkaden des Hofbogengebäudes wieder umdreht.

Denn dann erlebt man eine optische Täuschung der ersten Klasse: die engelhafte Krönung der Maria! Von hier aus betrachtet, steht die Marienfigur nämlich genau mittig vor dem Dom zwischen den zwei Engeln, die die Krone halten. Somit scheint es, als würde Maria gerade die Krone aufgesetzt! Kinder haben ihre Freude daran, die Perspektive ganz allein durch das Hin- und Herlaufen zu verändern und Maria selbst zu krönen.

TIPP: Auf dem Domplatz wird im Sommer immer das Salzburger Traditionsstück »Jedermann« gespielt. Während der Freiluftaufführung kann man den »Jedermann«-Ruf rund um den Domplatz hören.

Adresse Domplatz 1, 5020 Salzburg // **ÖPNV** Bus 3, 5, 6, 7, 8, 9, 10, 14, 25, 28, 27, Haltestelle Mozartsteg/Rudolfskai // ab 3 Jahre

59_DAS LEBENSGROSSE EINHORN

Mit dem Sofakarussell durch Italien

Dass Schlossbesuche nicht immer mit Prinzessinnen und Kaiserinnen zu tun haben, lernt man im Lustschloss Hellbrunn. Erbaut wurde es vor 400 Jahren nämlich nicht von Königen, sondern von Erzbischof Markus Sittikus von Hohenems. Er war weltlicher und kirchlicher Herrscher von Salzburg, das damals noch nicht zu Österreich gehörte. Und er war ein richtiger Lebemensch und eine prägende Persönlichkeit der Stadt.

Aus diesem Grund dreht sich die Ausstellung im Schloss um das Leben und die Zeit des Fürsterzbischofs. Doch wer nun langweilige und staubige Geschichte erwartet, wird gleich enttäuscht. Das Schloss ist ein aufregender Platz und eignet sich hervorragend für Kinder jeglichen Alters. Es gibt auf spielerische Art unglaublich viel zu entdecken.

Zur Begleitung gibt es gleich am Eingang einen Audioguide. Die Zahlen in den Räumen und an den Ausstellungsstücken zeigen an, welcher Knopf gedrückt werden muss, um die Informationen abzurufen. So kann jeder sein eigenes Tempo bestimmen und dort verweilen, wo es ihm am besten gefällt. Man kann am Drehsofa Platz nehmen, zwischen Venedig und Florenz herumreisen oder den faszinierenden Raum mit den Noten, die in den Himmel steigen, mit der wundervollen Musik von Mozart genießen. Sehr beeindruckend ist natürlich auch das weiße, »echt« lebensgroße Einhorn. Geschichten um diese Fabelwesen prägten die damalige Zeit. An einem Mix&Match-Rad dürfen Kinder ihre eigenen Fabeltiere erschaffen und Märchen erfinden.

TIPP: Im Schlosspark befindet sich auch das Monatsschlössl, in welchem ein Volkskundemuseum beheimatet ist.

Adresse Schloss Hellbrunn, Fürstenweg 37, 5020 Salzburg, www.hellbrunn.at // **ÖPNV** Bus 25, Haltestelle Schloss Hellbrunn // **Öffnungszeiten** täglich Ende März, April, Okt., Nov. 9.30–17.30 Uhr, Mai, Juni, Sept. 9.30–18.30 Uhr, Juli, Aug. 9.30–19 Uhr // ab 4 Jahre

60_DAS LESESCHIFF

Volle Fahrt ins Bücherabenteuer

»Lesen ist ein grenzenloses Abenteuer der Kindheit«, sagte bereits Astrid Lindgren, eine der größten Kinderbuchautorinnen unserer Zeit. Und sie hat uns so viele Abenteuer geschenkt. In dieses Abenteuer können Bücherwürmer und Leseratten in der Salzburger Stadtbibliothek eintauchen und mit dem Leseschiff in die weite Bücherwelt hinaussegeln.

Auf 5.000 Quadratmetern gibt es nicht nur knapp 200.000 Medien zum Kennenlernen und Ausleihen, das neue Gebäude bietet auch viel Platz, um sich eine ganze Zeit lang aufzuhalten und vor Ort zu lesen und zu schmökern. Kinder sind hier herzlich willkommen, es gibt einen eigenen Bereich mit Kindermedien. Hier kann spielerisch die Bücherwelt erkundet werden. Gemütlich zwischen Stofftieren Mamas Vorlesegeschichten zuhören ist eine tolle Beschäftigung, nicht nur an Regentagen. In der Mitte des Kinderbereiches steht ein großes Leseschiff, wo man sich gemütlich zurückziehen kann. Aber auch die roten Treppen laden ein, in Audiodateien hineinzuhören.

Das Gebäude der Salzburger Stadtbibliothek ist für jeden zugänglich und sehr leicht öffentlich erreichbar. Um sich Bücher zu leihen, ist nur eine Einschreibung erforderlich. Die ist formlos, man braucht nur einen gültigen Lichtbildausweis.

In der Panoramabar kann die Familie anschließend ihren Besuch ausklingen lassen.

TIPP: Wem der Weg in die Stadtbibliothek zu weit ist, der kann auch den Bücherbus besuchen, welcher an vier Tagen in der Woche Haltestellen in verschiedenen Stadtteilen anfährt. Die genaue Route kann man am besten online nachschlagen.

Adresse Schumacherstraße 14, 5020 Salzburg-Lehen // ÖPNV Bus 8, Haltestelle Neue Mitte Lehen // Öffnungszeiten Mo, Do, Fr 10–18 Uhr, Di, Mi 15–19 Uhr, Sa 10–15 Uhr // ab 0 Jahre

61_ DAS MAI RAUM

Wo Mama in Ruhe guten Kaffee trinken kann

Wenn die großen und kleinen Beine müde sind und eine Pause brauchen, ist man im Mai Raum genau richtig. Das kleine, aber feine Familiencafé und Bistro in Maxglan ist nur einen kurzen Spaziergang vom Festspielviertel entfernt und perfekt für die kleine Stärkung zwischendurch oder um die Batterien aufzuladen. Ob zum Familienfrühstück, Mittagstisch (wechselndes Tagesangebot) oder zu Kaffee und Kuchen – das Angebot ist groß. Das Familiencafé und Bistro ist ein Ort für Groß und Klein, denn die Kinderecke ist harmonisch in den hinteren Gastraum integriert, sodass Mama ganz gemütlich ihren Kaffee genießen kann, während die Kleinen in Sichtweite spielen.

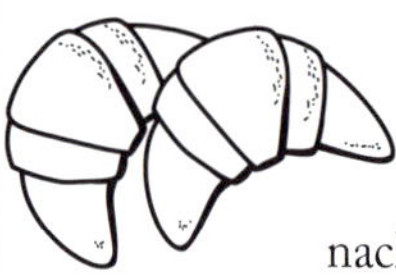

Zu den kulinarischen Highlights gehören auf jeden Fall die hausgemachten Frühlingsrollen und Samosas nach Familienrezept, die man unbedingt probieren muss. Danach sollte man noch einen Blick in die Mehlspeisen-Vitrine wagen: Neben dem beliebten Cheesecake gibt es immer ein reichliches Angebot an weiteren Kuchen und Torten, darunter befindet sich auch eine glutenfreie oder vegane Option. (Psssst: Alle Speisen gibt es auch zum Mitnehmen.) In den wärmeren Monaten können sich Kinder in dem wundervollen kleinen Garten im Innenhof in sicherer Umgebung austoben.

Alles für die Familie: Das Familiencafé Mai Raum verfügt über einen gut ausgestatteten Wickelraum im ersten Stock und kinderfreundliche Toiletten. Gratiswindeln inklusive!

TIPP: Der Stadt Bauernhof Glück ist nur einen 20-minütigen Fußmarsch entfernt. Hier kann man viele Tiere beobachten oder an einem der Aktionstage teilnehmen (Programm online www.stoibergut.at).

Adresse Maxglaner Hauptstraße 1 C, 5020 Salzburg, Tel. 0660/2494206, www.mairaum.cafe // **ÖPNV** Bus 1, 10, Haltestelle Bräuhausstraße // **Öffnungszeiten** Di – Fr 9 – 18 Uhr, So 11.30 – 18 Uhr // ab 0 Jahre

62_DER MANN AUF DER GOLDENEN KUGEL

Wer findet das getrennte Paar der Gegensätze?

Die goldene Kugel mit fünf Meter Durchmesser am Kapitelplatz ist unübersehbar. Sie steht direkt neben dem großen Schachbrett vor den Durchgangsbögen zum Domplatz. Auf der Kugel obendrauf: eine männliche Figur aus Bronze, die nicht weniger wiegt als 300 Kilogramm! Manchen erinnert das Bauwerk vielleicht an eine überdimensionale Mozartkugel, und der Gedanke liegt nah, dass sie irgendwas mit dem Komponisten Wolfgang Amadeus Mozart zu tun haben könnte, dem bekanntesten Sohn der Stadt. Dem ist aber nicht so.

Die 3,5 Tonnen schwere Kugel trägt den kunstvollen Namen Sphaera. Was die wenigsten wissen: Die Kugel ist nur der halbe Teil des Kunstwerkes. Die andere Hälfte muss man erst mal suchen. Denn der zweite Teil befindet sich im Toscaninihof und ist der absolute Konterpart: eine kleine zarte Frau mit rotem Kleid, die in einer Felsnische steht. Im Gegensatz zu der Büste am Kapitelplatz bleibt sie oft ungesehen. Dabei steht die rote Dame in der Mauer über dem Eingang zur Mönchsberggarage und wartet, doch worauf nur? Vielleicht dass ein großer Mann aus Bronze auf der goldenen Kugel angeritten kommt und sie aus ihrem Turm befreit? Oder einfach nur darauf, von den Menschen wahrgenommen zu werden, die hier tagein und tagaus an ihr vorbeiströmen?

Ein Kunstwerk, das sich dem Gegensatz widmet und viele Ansätze für Geschichten und Märchen bietet.

TIPP: Nicht auf einer goldenen Kugel, aber auf einem Brunnen thront der »Wilde Mann«, der an einen keltischen Gott oder Hüter des Wappens der Stadt erinnerte. Der oft umgezogene »Wassermann« befindet sich am Max-Reinhardt-Platz.

Adresse Kapitelplatz, 5020 Salzburg // ÖPNV Bus 3, 5, 6, 7, 8, 9, 10, 14, 25, 28, 27, Haltestelle Mozartsteg/Rudolfskai // ab 3 Jahre

63_DAS MANRO-CLASSIC MUSEUM

Coole Autos und große Stars vereint

Ein Paradies für Auto- und Musikfans jeden Alters ist das MANRO – Classic Museum in Koppl, nur sieben Autominuten von der Stadt entfernt. Das Automobilmuseum erkennt man schon von Weitem, es ist kaum zu übersehen, denn vor dem Gebäude steht eine der großen Attraktionen des Hauses: der Red Bull Alpha Jet, und am Eingang wird man von einer Miniatur-Freiheitsstatue begrüßt.

Die Reise zurück in »die gute alte Zeit« von Rock 'n' Roll und Autokino beginnt hier bereits beim Ankommen. Große und kleine Automobilfan-Herzen schlagen beim Betreten dieses Erlebnisparks um einiges höher. Neben Motorrädern, Flugzeugen und Booten sind mehr als 50 Oldtimer aus den 30er bis 80er Jahren zu Hause und werden sogar noch alle ausgefahren! Dazu gehören unter anderem Klassiker der Marken Ferrari, Mercedes, Maserati oder Jaguar. Sie sind allesamt fahrtauglich und stehen auf Hochglanz poliert nebeneinander. Zu den Highlights gehören aber auch Rennautos, darunter ein Toro Rosso STR 2 der Formel 1 aus dem Jahre 2007.

Aber im MANRO Museum dreht sich nicht alles nur um Fahrzeuge, auch die Musik hat hier ihren großen Platz. Neben Musikinstrumenten und Jukeboxen gibt es Wachsfiguren der berühmtesten Künstler der jungen Musikgeschichte, wie Michael Jackson, Elvis Presley oder den Beatles, um nur einige zu nennen! Es ist, als ob gleich der große Auftritt startet und sie alle zusammen ein Kultkonzert geben.

TIPP: Wer mal eine echte Rennstrecke besuchen oder ein Rennen sehen möchte, kann am Salzburgring in Plainfeld vorbeischauen.

Adresse Gewerbepark Habach 1, 5321 Koppl bei Salzburg, www.manro-classic.at // ÖPNV Bus 150, 152, 154, 155, Haltestelle Koppl Habach // Öffnungszeiten Sommer: Do–Mo 9.30–17 Uhr, Winter: Sa–Mo 9.30–17 Uhr // ab 1 Jahr

64_ DAS MARIONETTEN-THEATER

Bühnenstars, die am seidenen Faden hängen

Das Salzburger Marionettentheater ist ein Unikat, und das seit mittlerweile fast 100 Jahren. Zu Recht zählen das Theater und die Spielkunst zum immateriellen UNESCO-Weltkulturerbe. Der Spielplan ist vielfältig, im Programm finden sich diverse Stücke aus Oper oder Schauspiel. Ob Peter und der Wolf, Sound of Music, Die Zauberflöte oder Der Nussknacker, um nur einige zu nennen. Und damit es auch für die kleinen Gäste gut passt, gibt es viele der Stücke kindergerecht in Kurzfassung!

Der Besuch im Theater ist, als würde man in eine andere Welt eintauchen und mittendrin sein zwischen den Marionetten, die mit Liebe zum Handwerk hergestellt wurden. Die Bewegungen sind so natürlich und »echt«, dass die kleinen Gäste ganz vergessen, dass sie in einem Puppentheater sitzen, so sehr werden sie mitgenommen in diese andere, wundervolle Welt. Es scheint, als hätten die Puppen ihren eigenen Charakter und seien zum Leben erweckt worden. Eine Gabe, eine Kunst, die jeder der Puppenspieler hier bis ins kleinste Detail beherrscht.

Zum Theater gehört die eigene Werkstätte mit Schneiderei, Tischlerei und Schlosserei. Alles wird von Hand selbst angefertigt und besitzt diesen ganz besonderen Charme.

Übrigens: Bereits das Foyer ist einen Besuch wert. Hier gibt es so viel zu sehen und zu bestaunen. Puppen aus den vergangenen Produktionen, Marionetten, die bereits um die Welt gereist sind, lassen die Besucher in Märchen und Geschichten eintauchen und machen Lust auf mehr.

TIPP: Noch mehr Marionetten zu bestaunen gibt es auf der Festung Hohensalzburg im eigenen Marionettenmuseum.

Adresse Schwarzstraße 24, 5020 Salzburg, Tel. 0662/872406 // **ÖPNV** Bus 1, 3, 4, 5, 6, 14, 21, 22, 25, Haltestelle Makartplatz (Landestheater) // **Öffnungszeiten** Spielplan auf www.marionetten.at // ab 3 Jahre

65_DAS MECHANISCHE THEATER

Das Geheimnis vom Souvenirladen in Maria Plain

Hoch oben am Plainberg, zwischen dem Stadtteil Itzling und Bergheim, befindet sich die Salzburger Wallfahrtskirche Maria Plain. Hier kann man verschiedenste Routen spazieren, aber auch mit dem Auto herumfahren. Die meisten Besucher pilgern natürlich wegen

der wunderschönen Kirche den Weg herauf, aber sie ist nicht unbedingt die einzige Sehenswürdigkeit, für die sich diese Mühe lohnt. Denn nicht nur die Kirche ist einen Ausflug wert, da oben gibt es ein ganz anderes Schauspiel zu entdecken. Gut versteckt in der Auslage eines Andenkenladens.

Seit mehr als 80 Jahren befindet sich hier eine besondere Attraktion für die kleinen Besucher: Ein mechanisches Miniaturtheater bringt nicht nur Kinderaugen zum Leuchten, auch Erwachsene fühlen sich schnell in ihre Kindheit zurückversetzt. Gegen eine kleine Gebühr kann man hier drei verschiedene Theaterstücke abrufen. Bezahlt wird im Laden, dann kann die Vorstellung auch schon losgehen. Gezeigt wird wahlweise die Entstehung der barocken Kirche, ein Besuch auf der Salzburger Dult (Jahrmarkt) oder auch die Untersberg-Sage. Platt gedrückte Nasen und strahlende Gesichter gibt es obendrauf.

Wenn man aber schon mal oben am Plainberg ist, lohnt es sich, noch eine Runde um die Kirche zu spazieren und die Ruhe und Kraft zu genießen, die hier herrschen. Oder man genießt zusammen den wundervollen Ausblick auf die Stadt.

Adresse Plainbergweg 38, 5101 Bergheim bei Salzburg // Anfahrt vom Hauptbahnhof kommend über die Itzlinger Hauptstraße Richtung Norden, beim Hotel Plainbrücke rechts in den Plainbergweg einbiegen und circa fünf Minuten folgen // Öffnungszeiten Andenkenladen: Di–Fr 9–12 und 14–17 Uhr, Sa 10–12 und 14–16 Uhr, So 9.30–12 und 14–16 Uhr // ab 3 Jahre

TIPP: Wer zwischen Anfang Dezember und Anfang Februar nach Maria Plain kommt, kann sich die circa 300 Jahre alte Weihnachtskrippe in der Basilika anschauen.

66_DIE MEERESRÖSSER

Der schiefe Brunnen, der das Wetter vorhersagen kann

Magische Plätze und kraftvolle Orte gibt es in Salzburg viele. Einhörner, Wassermänner, Fabelwesen aller Art begleiten durch die ganze Stadt. Ganz besondere wasserspeiende Phantasietiere gibt es am Residenzbrunnen: Hippocampen, also Meeresrösser.

Eine ganze Herde tummelt sich da, vier ihrer Art haben sich hier um den Felsen versammelt, auf dem vier Männer, sogenannte Atlanten, stehen und eine Wasserschale halten, in welcher sich drei Delphine befinden, die wiederum eine weitere Schale halten. In dieser steht Triton, der aus einer Muschel Wasser stößt. Diesen Wasserstrahl sollte man ganz genau beobachten, er zeigt uns nämlich an, ob Regen kommt. Rinnt das Wasser über Tritons Po, sollte man lieber seinen Regenschirm einpacken. Wäscht es allerdings den Bauch, freuen wir uns über Sonne! Der größte Brunnen der Stadt ist also nicht nur unglaublich imposant, er kann auch das Wetter vorhersagen.

Was viele wahrscheinlich nicht wissen, ist, dass das Meisterbauwerk eine leichte Schieflage aufweist (mit bloßem Auge ist das kaum bemerkbar). Glücklicherweise hat dies keine statischen Auswirkungen, aber wenn man den Wasserspiegel ganz genau beobachtet, kann man einen Millimeter Unterschied erkennen. Vielleicht.

Im Winter muss der schöne Residenzbrunnen leider aus Frostschutzgründen eingepackt werden. Dafür gibt es um ihn herum einen wundervollen Christkindlmarkt. Hier kann man dann in weihnachtlicher Atmosphäre Kinderpunsch und Maroni genießen.

TIPP: Wenn einmal im Jahr der Rupertikirtag stattfindet, kann man den Brunnen von oben aus dem Riesenrad bewundern.

Adresse Residenzplatz, 5020 Salzburg // **ÖPNV** Bus 3, 5, 6, 7, 8, 9, 10, 14, 25, 28, 27, Haltestelle Mozartsteg/ Rudolfskai // ab 3 Jahre

67_MINIGOLF IN LEOPOLDSKRON

Wer hat das kleinste Handicap?

Minigolf ist die perfekte Familienunternehmung, Kinder und Eltern können gleichermaßen Geschicklichkeit und Ballgefühl trainieren, und außerdem macht es auch noch Spaß. Wer hat nun das größte oder kleinste Handicap? Das kann man auf einer der letzten Minigolfanlagen der Stadt, in Leopoldskron testen. Sie befindet sich direkt neben dem Leopoldskroner Freibad (siehe Ort 53). Man muss übrigens nicht im Freibad zu Gast sein, es gibt einen Extra-Eingang über die Firmianstraße.

Dann kann es schon losgehen! Jeder Spieler bekommt seinen eigenen Ball und einen Schläger, die gibt es natürlich für jede Altersstufe. Dazu kommt der Spielblock, denn es muss ja Buch geführt werden, um ordnungsgemäß den Gewinner zu ermitteln. Also, Schriftführer auswählen und ran an die Schläger. Wer versenkt mit den wenigsten Schlägen seinen Ball im Loch?

Es geht durch Tunnel, über kleine Wellen, ums Eck, sogar der Weitschlag ins Netz ist dabei und stets gefürchtet. Der Ehrgeiz kommt bestimmt, und wenn der kleine bunte Ball zum achten Mal ganz knapp am Loch vorbeirollt, werden auch die Nerven auf die Probe gestellt. Zu guter Letzt wird an der letzten Station der Ball geschluckt. Danach hat man sich eine Stärkung oder auch Belohnung verdient und kann sich diese am Kiosk gönnen.

Eine klassische Minigolfanlage wie zu Mamas und Papas Kinderzeiten, kein Wunder, dass die dabei auch gleich zum Kind mutieren.

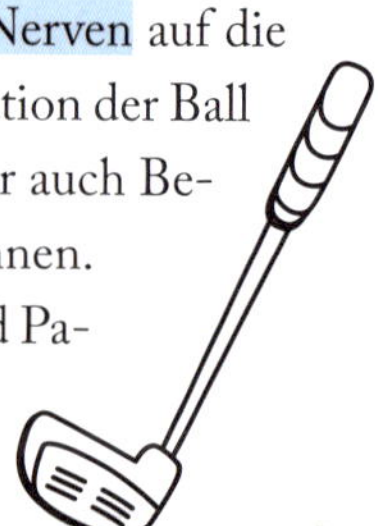

Adresse Firmianstraße 2, 5020 Salzburg, Tel. 0650/2773731 // ÖPNV Bus 22, Haltestelle Wartbergweg, Sonder-Buslinie 23, Haltestelle Leopoldskroner Freibad // Öffnungszeiten bei Schönwetter täglich, April 12–19 Uhr, Mai–Sept. 12–20 Uhr, Okt. 12–19 Uhr // ab 5 Jahre

TIPP: Ganz wetterunabhängig kann man in Salzburg-Liefering in der Sport-Oase Indoor-Minigolf spielen.

68_DIE MOONCITY

Bitte einmal zum Mond und retour

Wer immer schon mal eine Reise auf den Mond tun wollte, ist in der Mooncity in Salzburg richtig. Am Check-in bekommt jeder Mondreisende eine personalisierte Moon ID, welche mit Energie aufgeladen wird, nur so kann man in die Mondkapsel eintreten und sich in eine andere Welt beamen: die Welt der Mobilität.

So eine Mondreise braucht ganz schön viel Energie, darum ist es notwendig, seine ID immer wieder aufzuladen. Zuerst hinterlässt man seinen Fußabdruck wie einst Neil Armstrong auf dem Mond, danach geht das interaktive Abenteuer los und führt seine Besucher durch die Stationen im Moon Camp. Die kleinen Astronauten dürfen ein Mondfahrzeug steuern und beim Energy Jump auf dem Mond so hoch springen, wie sie können. Die bunten Leuchtröhren zeigen, wie weit man gekommen ist. Danach geht es weiter, und man darf selbst mit eigener Kraft am Handrad Energie erzeugen. Das bringt nicht nur Glühbirnen zum Leuchten, die Moon ID wird auch gleich aufgeladen und speichert die Errungenschaften. Man kann sogar einmal selbst eine E-Tankstelle bedienen.

Die Reise führt zurück auf die Erde in die Future City, in der intelligente Lösungen der Zukunft hautnah miterlebt werden (eher für größere Kinder geeignet). Das große Finale ist aber mit Sicherheit der Check-out. Hier verwandelt sich die Moon ID zum coolen Erinnerungsstück, denn wer hat schon einen personalisierten Mondführerschein, mit Foto, Namen, Fußabdruck und sämtlichen Energielevels.

TIPP: Gleich nebenan befindet sich das Selbstbedienungsrestaurant My Indigo zum Aufladen der eigenen Batterien. Die Bowls und Currys sind legendär.

Adresse Sterneckstraße 28–30, 5020 Salzburg // ÖPNV Bus 2, 12, Haltestelle Vogelweiderstraße // Öffnungszeiten Di–Fr 10–18 Uhr, Sa 10–17 // ab 5 Jahre

69_DAS MOZARTKINO

Das älteste Kino der Stadt lädt zur Zeitreise

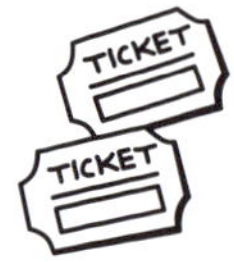

Der Besuch des Mozartkinos ist ganz anders als der eines großen Kinokomplexes. Denn das Mozartkino ist ein ganz besonderer Ort, mit unvergleichbarem Flair, mitten in der Mozartstadt, versteckt in einem Hotel in der Kaigasse, dem Kasererbräu. Popcorn, Cola und ein guter Film, das zieht Kinder magnetisch an.

Das Mozartkino ist nicht nur das älteste Kino der Stadt, es zählt zu den ersten und ältesten Lichtspieltheatern der Welt. Seit 1905 flimmern hier Kinofilme über die Leinwand, die größten Filmstars Österreichs haben hier ihre Premieren gefeiert, darunter auch die Filmkaiserin Sissi alias Romy Schneider. Das Mozartkino ist mit einem Hightech-Kino nicht vergleichbar, besticht aber durch die Nostalgie seiner zwei Kinosäle. Der große Saal im Erdgeschoß sieht noch aus wie im Jahre 1950. Alles erinnert ein bisschen an ein Museum, Humphrey Bogart im Gang, ein alter Filmprojektor vor dem Kinosaal … man könnte meinen, gerade einen Zeitsprung gemacht zu haben.

Noch mehr Geschichte erlebt man im Untergeschoß, da liegt der Römersaal, der seinen Namen von Ausgrabungsfunden aus der Römerzeit hat. Überreste antiker Römermauern befinden sich noch heute neben der Leinwand. Alles ein wenig old-school, aber mit ganz viel Herzlichkeit, Geschichte und Atmosphäre.

Wer die Kinokasse sucht, muss in den Hotelteil gehen, denn hier werden an der Rezeption Karten und Erfrischungsgetränke sowie Snacks verkauft.

Mit der richigen Stärkung kann es dann auch losgehen. Film ab!

> **TIPP:** Beinahe filmreif: Wie Wolfgang Amadeus Mozart gelebt hat, kann man sich in Mozarts Wohnhaus am Makartplatz 8 anschauen.

Adresse Kaigasse 33, 5020 Salzburg // ÖPNV Bus 3, 5, 6, 7, 8, 9, 10, 14, 25, 27, 28, Haltestelle Mozartsteg/Rudolfskai // Öffnungszeiten Spielplan online auf www.mozartkino.at // ab 3 Jahre

70_DIE MOZARTKUGEL-VERKOSTUNG

Wer ist die beste im ganzen Land?

Schon einmal eine Mozartkugel probiert? Wenn ja, ist die Frage: War es die »originale« oder doch eine der »echten«? Ganz schön verwirrend, in Salzburg gibt es zwar mehr als nur eine Mozartkugel, aber eben nur eine einzige, die sich Original Mozartkugel nennen darf. Diese ist in silber-blaues Papier gewickelt und stammt aus dem Hause der Konditorei Fürst.

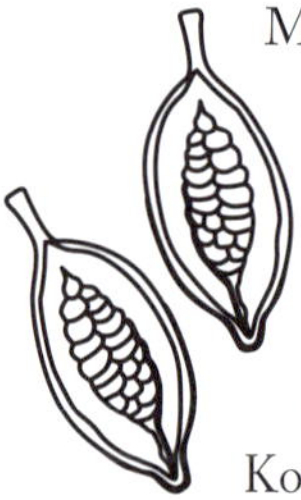

Die Mozartkugel ist eine süße Versuchung aus edlen Zutaten wie Marzipan mit Pistazien, Nougat und dunkler Schokolade. Die Grundzutaten sind immer ähnlich, nur die Rezeptur macht es aus und die Herstellungsart. Bei der Konditorei Fürst wird die Mozartkugel immer noch nach dem traditionellen Originalrezept von Hand hergestellt. Erfunden wurde sie übrigens 1890 von Paul Fürst. Da es damals allerdings nicht üblich war, seine Kreationen patentieren zu lassen, wurde sie bis heute oft kopiert. 1905 bekam die bekannteste Praline der Stadt in Paris eine Goldmedaille, die sie sich bis heute mehr als verdient.

Daher sollte man die Chance nutzen und die Original Mozartkugel in Salzburg unbedingt probieren und einmal mit der Konkurrenz vergleichen. Wichtig zu wissen: Die Fürst Mozartkugel bekommt man nur in den eigenen Filialen. Zur Verkostung empfehlen sich auch die anderen Mozartkugeln, die man in der direkten Umgebung bekommt: Echte Reber-Mozartkugeln, die Filiale befindet sich am Alten Markt, ein paar Schritte vom Café Fürst, und die vielleicht bekannteste echte Salzburger Mozartkugel von Mirabell, welche man in jedem Supermarkt findet.

Adresse Konditorei Fürst, Brodgasse 13, 5020 Salzburg // **ÖPNV** Bus 3, 5, 6, 7, 8, 9, 10, 14, 25, 27, 28, 840, Haltestelle Rathaus // **Öffnungszeiten** Mo–Fr 9–18 Uhr // ab 1 Jahr

TIPP: In der Hauptstraße 14 in Grödig befindet sich die Salzburg Schokoladenfabrik, wo verschiedenste Süßigkeiten hergestellt und auch ab Werk verkauft werden.

71_DIE MÜLLNER SCHANZE

Seiltanz am Kletterparcours mit wundervoller Aussicht

Bewegung macht Spaß, und gerade die Kleinen können scheinbar nie genug davon kriegen. Deswegen brauchen gerade sie Raum und Platz, um sich richtig gut auszupowern. Eine großartige Gelegenheit dafür ist der Kletterparcours nahe der Müllner Schanze. Das städtische Kletterparadies war einst ein Wehrbauwerk und befindet sich zwischen Mönchsbergwand und Müllner Kirche.

Hier schlagen die Herzen von großen und kleinen Kraxlern höher, und kaum ein Wunsch bleibt offen: Denn ob am Boulderfelsen, dem Seilgarten oder an der Kletterwand – hier können Kletterbegeisterte und Geschicklichkeitsjunkies hoch oder weniger hoch hinaus: ein Spiel- und Kletterübungsplatz in geschichtsträchtiger Atmosphäre mit einer wundervollen Aussicht.

Ob für Profis oder Neo-Kletterer, das Angebot ist vielfältig. Kletterneulinge können entweder am pyramidenförmigen Seilzirkus, einem über fünf Meter hohen Raumnetz, Kletterfähigkeit und -leidenschaft entdecken und perfektionieren oder über die Seile des Kletterparcours und der verschiedenen Slacklines tanzen. Ein perfekter Ort, um sich auszutoben.

Für die geübteren Kletterfreunde stehen gleich zwölf Routen verschiedenster Schwierigkeitsgrade (1 bis 6+) auf der Kletterwand im Angebot. Man muss nur seine eigene Ausrüstung mitbringen und kann gleich loslegen. Top-Aussicht als Belohnung. Für große und kleine Kletteraffen ist dieser einzigartige Abenteuerspielplatz über den Dächern von Salzburg ein absoluter Must-Visit.

TIPP: Unterhalb befindet sich das Augustinerbräu, wo man sich Essen und Snacks holen und zum Kletterparcours mitnehmen kann.

Adresse oberhalb der Müllner Kirche, Augustinergasse, 5020 Salzburg // **ÖPNV** Bus 4, 7, 9, 21, 24, 27, 28, Haltestelle Bärenwirt // **Öffnungszeiten** rund um die Uhr // ab 3 Jahre

72_DIE MUSEUMS-LOKOMOTIVE

Das ganze Bundesland im Freilichtmuseum

Das Bundesland Salzburg besteht aus verschiedenen Gauen. Neben der Landeshauptstadt Salzburg gibt es noch die vier Gaue Flachgau, Pinzgau, Pongau und Lungau. Jeder Gau hat seine Besonderheiten und ist besuchenswert. Im Freilichtmuseum findet man alle Schönheiten des Bundeslandes auf einem Fleck, sodass man die Schätze aus dem ganzen Land an nur einem Tag besuchen kann.

Dank der Museumsbahn ist man in kurzer Zeit vom Eingang, der Station »Flachgau«, am anderen Ende des Museums, im »Pongau«. Von hier aus geht es entweder wieder mit der Lok zurück, oder man spaziert durch den Lungau und Pinzgau, wo es eine Natur-Kneippanlage gibt. Das »Salettl« findet man bei der Mittelstation »Tennengau«, wo man einkehren kann und die Kinder gleich auf den großen Erlebnisspielplatz mit vielen Kletter- und Rutschmöglichkeiten sowie einer Wasserspielanlage stürmen. Die Museumseisenbahn fährt täglich auf einer Strecke von 1,7 Kilometer.

Im Freilichtmuseum kann man den ganzen Tag gemütlich zwischen alten Bauernhäusern spazieren, historische Traktoren oder andere Ausstellungen besichtigen und viel über die Geschichte Salzburgs lernen. Das Bauernpeterhaus mit dem Gendarmerieposten hat es den Kindern besonders angetan, ebenso die Krämerei und das Mesnerhaus, wo die Hälfte des Obergeschoßes ein Klassenzimmer einnimmt. Die Häuser und Höfe zeigen ein getreues Bild von den Lebens- und Arbeitsumständen einer vergangenen Zeit.

Adresse Salzburger Freilichtmuseum, Hasenweg 1, 5084 Großgmain, www.freilichtmuseum.com // **ÖPNV** Postbus 180, Haltestelle Großgmain Freilichtmuseum // **Öffnungszeiten** Fahrzeiten der Bahn: Juni – Anfang Nov. täglich 9 – 17 Uhr // ab 0 Jahre

TIPP: In Großgmain gibt es außerdem die Burgruine Plainburg zu besuchen.

73_DIE NÄHWERKSTATT

Kreative Stoffgestalter und tapfere Schneiderlein

Mode- und nähbegeisterte Buben und Mädchen sollten die Nähwerkstatt der ARTgenossen im Salzburger Künstlerhaus besuchen. Dort befinden sich im Erdgeschoß das Atelier und die Arbeitsräume des Vereins, wo in kleinen Gruppen zusammen gewerkelt wird.

Tanja, gelernte Schneiderin und Mitarbeiterin der ARTgenossen, zeigt den tapferen Schneiderlein, wie man aus einem Entwurf oder einer kreativen Skizze zum fertigen Werkstück kommt. Dabei erlernen die Kids das selbstständige Nähen und den richtigen Umgang mit der Nähmaschine, welche selbst mitzubringen ist. Es wird gemeinsam zugeschnitten und gebügelt. Tanja hat immer ein Auge auf die kleinen Stoffgestalter und steht mit Rat und Tat zur Seite.

Aus alt mach neu, ist hier das Motto. Es werden gebrauchte Stoffe und andere Materialien verwendet und umgearbeitet. So werden schon mal aus einem alten Herrenhemd ein Kleid oder aus alten Socken Schneemänner. Die Nähprojekte sind vielfältig, und in der Regel schaffen die Kinder es, pro Einheit ein ganzes Werkstück zu kreieren. Ob Wimpelketten, Rucksäcke, Stofftiere oder Fahrradtaschen, Tanja hat immer coole Ideen.

Und wenn die selbst gefertigten Werkstücke dann fertig sind, sieht man den Stolz in den Augen der motivierten Mini-Designer. Sie sind schnell mit dem Nähfieber infiziert und kommen immer und immer wieder zur Werkstatt.

TIPP: Für kreative Kids bieten die ARTgenossen verschiedene Kurse an, wie beispielsweise die KinderKunstWerkstatt für Kinder ab sechs Jahre, die KinderKunstZwerge ab vier Jahre, Foto und Film Youngsters und die alljährliche Adventswerkstatt.

Adresse ARTgenossen, Hellbrunner Straße 3, 5020 Salzburg, Tel. 0664/4722588 // ÖPNV Bus 3, 8, 2, 14, 28, Haltestelle Justizgebäude (Hellbrunner Straße) // Öffnungszeiten Termine: Mo 16.30 – 18.30 Uhr // ab 7 Jahre

74_DIE NASSEN HOSEN VON HELLBRUNN

Splish, Splash – hier wird man nass!

Auch wenn es bei diesen Wasserspielen keine Fun-Rutsche gibt, ist Spaß für die ganze Familie garantiert. Denn hier bleibt keiner trocken, und spannende Geschichte gibt es obendrauf noch dazu. Die Wasserspiele von Hellbrunn wurden vor über 400 Jahren vom Fürsterzbischof Markus Sittikus gebaut. Der Schlossherr von Hellbrunn wollte seine Gäste überraschen und liebte Späße.

In einer ganz speziellen Audioguide-Tour für Kinder werden die kleinen Besucher auf spielerische Art und Weise mit viel Wissen durch die Anlage geleitet. Los geht es am großen Fürstentisch im Römischen Theater, an dem der Fürsterzbischof gern seine Gäste zur Tafel lud. Die ganz mutigen unter den Besuchern dürfen auch gern mal Platz nehmen und selbst erleben, wie es sich als Gast bei Markus Sittikus angefühlt haben muss. Kleiner Tipp: Hier bleibt nur eine Hose trocken …

TIPP: Im Advent findet um das Schloss und die Wasserspiele ein zauberhafter Adventsmarkt mit Kinder-Weihnachtswelt statt.

Jede Ecke ist beeindruckend und bringt große und kleine Besucher zum Staunen: verschiedene Grotten, Wasserautomaten, Brunnen und sogar eine schwebende Krone. Überall spritzt Wasser aus Düsen. Das kann durchaus überraschend kommen. Auch wenn man hier keine Badesachen benötigt, Wechselkleidung sei empfohlen und kann nicht schaden. Sehr bewundernswert sind auch die mechanischen Figuren, die sich bewegen und Geräusche machen, wie auch im großen mechanischen Theater. All dies mit Wasserkraft, also ohne elektrischen Strom, den gab es ja vor 400 Jahren noch nicht. Das war damals eine technische Sensation. Aber auch die Kids von heute staunen nicht schlecht.

Adresse im Hellbrunner Park, Fürstweg 37, 5020 Salzburg, www.hellbrunn.at // **ÖPNV** Bus 25, Haltestelle Schloss Hellbrunn // **Öffnungszeiten** täglich März, April, Okt., Nov. 9.30 – 17.30 Uhr, Mai, Juni, Sept. 9.30 – 18.30 Uhr, Juli, Aug. 9.30 – 19 Uhr // ab 3 Jahre

75_DAS ONOBOX-PICKNICK

Regenbogen-Picknick im Volksgarten

Die Sonne lacht, das Wetter ist perfekt. Wie wäre es da mit einem Regenbogen-Picknick in der Stadt? Dazu eignet sich die kunterbunte Onobox von Green Garden Salzburg. Bei der Onobox handelt es sich um eine schöne, bunte und köstliche Picknickbox in vielen Varianten, die man ganz bequem online bestellen und dann im Restaurant abholen kann. Zwar fehlt der klassische Picknickkorb, aber dafür bekommt man alles in einer nachhaltigen Box. Eine Box für zwei Personen ist sehr reichhaltig und genügt locker für eine Familie mit zwei kleinen Kindern! Die haben auch ihren großen Spaß, denn die Mahlzeit ist wie die Verkostung eines essbaren Regenbogens!

Salzburg hat besonders viele nette Platzerl für ein gemütliches Familien-Picknick, die bereits in diesem Buch vorgestellt wurden (siehe Ort 1 und 21). Eine weitere tolle Location für solch ein Vorhaben ist der Volksgarten unweit der Karolingerbrücke, die Salzach entlang Richtung Aigen.

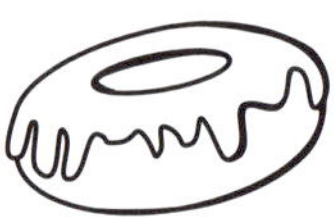

Die wahrscheinlich zentralste Grünanlage der Stadt lädt zum Erholen ein. Ob man lieber gemütliche Spaziergänge unternehmen möchte oder sich am Spielplatz und Fitnessparcours auspowern will, die Möglichkeiten sind vielfältig. Das Zentrum des Parks im Stadtteil Parsch bildet der Teich mit seiner Fontäne, der perfekte Platz für ein Picknick.

Übrigens: Die Boxen kann man sich auch bequem nach Hause liefern lassen, wenn man in Salzburg wohnt. Perfekt für das nächste Picknick im eigenen Wohnzimmer.

TIPP: Für einen gesunden Snack zwischendurch besucht man am besten Lehners Beerenland in Aigen, hier kann man je nach Saison verschiedenes Naschobst selbst pflücken.

Adresse Abholung bei The Green Garden, Nonntaler Hauptstraße 16, 5020 Salzburg // **ÖPNV** Bus 5, 9, 21, 25, Haltestelle Petersbrunnstraße // **Öffnungszeiten** Do–So, Bestellungen werden bis 19 Uhr am Vortag angenommen, www.onobox.at // ab 1 Jahr

76_DIE OUTDOOR BOULDERWAND

Kletteraffen unterwegs im Unipark

Klettern liegt den Kids im Blut und wirkt sich positiv auf ihre Entwicklung aus: Es schult die räumliche Orientierungsfähigkeit und trainiert auf spielerische Art und Weise die Kraft. Außerdem fördert es das Selbstbewusstsein, stärkt das Verantwortungsgefühl und macht unglaublich viel Spaß!

Für alle Salzburger Kletteraffen, ob groß oder klein, gibt es seit Kurzem eine weitere offizielle Kletterattraktion: die erste öffentliche Boulderwand der Stadt. Direkt im Unipark, ganz in der Nähe der Calisthenics- und der Balancier-Anlage, befindet sich die künstliche Kletterwand. Sie wurde an der Außenfassade vom Sportgebäude des Sportzentrum Mitte angebracht und ist 12,5 Meter hoch. Hier kann jeder nach Herzenslust bouldern.

»Bouldern« leitet sich im Übrigen vom englischen Begriff für Felsblock »boulder« ab. Der Trendsport ist für jedes Alter geeignet, typisch ist, dass man ohne Seil maximal in Absprunghöhe klettert. Die Boulderwand in Salzburg hat verschiedene Schwierigkeitsstufen, und der Boden ist gepolstert.

Wie hoch hinaus es geht, liegt natürlich in der Risikobewertung von Kind und Eltern, wichtig ist, dass die Erwachsenen in der Nähe bleiben, um ihre Kinder zu beobachten. Beim Bouldern geht es aber gar nicht darum, wer am höchsten klettert, man kann auch unten mit coolen Moves und Kombinationen ein großartiges Erlebnis schaffen. Kids haben den Dreh relativ schnell raus.

Adresse Sportzentrum Mitte, Ulrike-Gschwandtner-Straße 6–8, 5020 Salzburg // **ÖPNV** Bus 3, 8, 12, 14, 28, Haltestelle Salzburger Akademiestraße // **Öffnungszeiten** jederzeit // ab 3 Jahre

TIPP: Nicht weit auf der anderen Seite der Petersbrunnstraße (Höhe Volksschule Nonntal) gibt es einen kleinen Park mit Wellenbänken, die zum Klettern und Laufen einladen, plus einen Enten-Trinkbrunnen.

77_DIE PARAGLEITER AM GAISBERG

Bunte Träume vom Fliegen

An schönen Tagen hängt der Himmel über Salzburg nicht voller Geigen, sondern voller Paragleiter, die bei guter Thermik über die Stadt schweben. Von unten gesehen sind es lauter bunte Schirme, die zwischen den Wolken ihre Kreise ziehen, und die Piloten oben genießen ein beeindruckendes Panorama und erfüllen sich den Traum vom Fliegen.

Zuschauen kann man den Gleitschirmfliegern übrigens am besten auf der Spitze des Gaisbergs. Der Salzburger Hausberg ist mit seinen 1.287 Metern ein beliebter Startplatz. Denn von hier aus bietet sich ein einzigartiger Blick auf die Mozartstadt.

Doch auch schon vor dem Start ist was los. Achtsam und voller Konzentration werden hier die bunten Schirme aufgelegt und alles noch mal überprüft und gecheckt. Gurte angelegt und dann geht es mit Anlauf los. Profis und auch Hobbyflieger sind unterwegs, manche allein, und andere zu zweit im Tandem. Der Ausblick von oben ist auf jeden Fall einzigartig und bietet ein Panorama der ganzen Stadt bis zum Salzburger Seeland.

Übrigens kann jeder auch mal selbst bei einem Tandemflug in die Luft gehen. Dafür sollte man zwischen fünf und 100 Jahre alt sein und zwischen 20 und 120 Kilogramm wiegen.

Der Gaisberg ist immer einen Besuch wert, ob zum Wandern, Radfahren oder Fliegen. Er ist ein Paradies für Naturliebhaber. Aber auch im Winter ist er ein beliebtes Ausflugsziel, da man sowohl langlaufen als auch skitouren gehen kann.

TIPP: Für die kleinen Besucher des Gaisbergs: Auf der Zistelalm kann man gut essen, und es gibt einen tollen Spielplatz.

Adresse Gaisbergspitze, Infos zum Paragleiten in Salzburg: Tel. 0664/4367274 oder info@paragleitensalzburg.at // **ÖPNV** Gaisberg-Linienbus 151, Haltestelle Gaisbergspitze // ab 1 Jahr

78_DIE PERFEKTE WELLE

Surfen im Almkanal

Surfen in der Stadt? Wo gibt es denn so was? Inmitten von Salzburg, im Stadtteil Gneis zum Beispiel! Am historischen Almkanal, der im Sommer auch gern zum Baden genutzt wird, kann man mitten in der Stadt surfen, also wellenreiten.

Am Almkanal wurde eine künstliche Welle installiert, an der jeder – ob Anfänger oder Profi – seine Surfleidenschaft stillen kann. Vorausgesetzt man hat neben seinem eigenen Board auch einen Neoprenanzug dabei. Das Wasser im Kanal ist nämlich mit nur 10 bis 15 Grad Celsius ganz schön frisch. Doch das macht der Salzburger Surferszene nichts aus, hier tummelt man sich gern bei jedem Wetter. Eine Besonderheit der ungefähr einen halben Meter hohen und 4,5 Meter breiten Welle ist die sogenannte individuelle Einstellbarkeit der Wellenform durch zwei bewegliche Spoiler.

Die stehende Welle ist aber schon lange nicht mehr nur Anziehungspunkt für Sportbegeisterte, auch immer mehr Familien mit Kindern finden sich an diesem beliebten Spot ein. Das besondere Surfer-Flair ist ein wahres Highlight und macht Groß und Klein Lust auf Meer. Egal ob Frühling, Sommer, Herbst oder Winter: Die Welle hat praktisch das ganze Jahr geöffnet, und so kann man hier auch zu jeder Jahreszeit seine perfekte Welle suchen. Natürlich sieht man auch immer wieder Nachwuchssurfer am Brett.

Eine Umkleidemöglichkeit und ein Dixi-Klo befinden sich etwa 10 Meter hinter der Welle an der Wegseite. Den Surfspot findet man 150 Meter flussabwärts der Brücke Weidenstraße, direkt am Radweg von Gneis Richtung Grödig.

TIPP: Wem das nötige Equipment fehlt, der wird in Salzburgs Surfer-Läden bestimmt fündig. WUUX Surfboards in Grödig oder Delight Alliance in Gneis.

Adresse am Almkanal, etwa 100 Meter vor der Buskehre, stadteinwärts, GPS-Daten: 47.76197058 (Breitengrad); 13.03812146 (Längengrad) // **ÖPNV** Bus 5, Haltestelle Birkensiedlung // **Öffnungszeiten** jederzeit, außer zwei Wochen im September, wenn der Kanal gereinigt wird // ab 5 Jahre

79_DIE PFERDESCHWEMME

Prunkvolle Badewanne mit Denkmalschutz

Vor dem Neutor, auch als Sigmundstor bekannt, am Herbert-von-Karajan-Platz befindet sich ein ganz besonderes barockes Bauwerk. Eine Wasserstelle mit einer prunkvollen, schön bemalten Rückwand. Inmitten der Wasserstelle thront eine herrschaftliche Pferdestatute, und auch auf der Wand dahinter sind Pferde abgebildet. Was es wohl mit diesem Denkmal auf sich hat?

Eigentlich ist die Antwort ganz einfach. Hier handelt es sich um nichts anderes als eine Badewanne, die vielleicht beeindruckendste Badewanne für Pferde, die man sich vorstellen kann. Die unter Denkmalschutz stehende Hofmarstallschwemme, in Salzburg kurz und bündig als Pferdeschwemme bekannt, stammt bereits aus dem 16. Jahrhundert und war damals eine seichte, für Pferde begehbare Stelle, wo diese gewaschen werden konnten.

Die Pferdeschwemme diente damals also der Pferdehygiene und befand sich in unmittelbarer Nähe des Hofmarstalles, dem Pferdestall. Die prunkvolle, künstlerisch bemalte Wand fungierte übrigens als Paravent, als Ablenkung und Verblendung, denn dahinter war der Schüttkasten für den Pferdemist, und dieser wollte gut getarnt sein.

Gut zu wissen: Insgesamt gab es drei Pferdeschwemmen dieser Art in Salzburg, heute existiert allerdings neben der Hofmarstallschwemme nur noch die Kapitelschwemme am Kapitelplatz. Die Mirabellschwemme nahe dem Schloss Mirabell wurde nach dem Stadtbrand von 1818 abgebrochen.

Heute sieht man zwar keine Pferde mehr darin baden, aber vielleicht die ein oder andere Taube.

TIPP: Pferde und viele andere Tiere kann man übrigens auf Gut Aiderbichl in Henndorf besuchen.

Adresse Herbert-von-Karajan-Platz, 5020 Salzburg // **ÖPNV** Bus 1, 8, 10, 22, 27, Haltestelle Herbert-von-Karajan-Platz // **Öffnungszeiten** von außen zu besichtigen // ab 3 Jahre

80_DAS PRESS THE BUTTON ATELIER

Einmal selbst der Fotograf sein

Kinder lieben es, sich zu verkleiden! Das Press the Button Atelier ist der ideale Ort dafür. Denn hier kann man einmal sein eigenes Fotostudio mieten, bunte und lustige Perücken aufsetzen und bei lauter Musik mit den Lieblingsmenschen vor Kameras posieren. Ein perfekter Familienausflug inklusive Erinnerungsfotos von strahlenden Kinderaugen und ganz viel Kinderlachen, die man allerdings selber machen muss, nein, darf. Denn hier ist man selbst der Fotograf. Ein Besuch, der Klein und Groß jede Menge Spaß bringt, und das nicht nur als perfektes Schlechtwetterprogramm mit Erinnerungspotenzial.

Ob Familienfotos oder Fun-Shootings, hier ist alles erlaubt, keiner schaut zu, aber die Kamera ist immer dabei. Zuerst gibt es natürlich eine Einweisung. Der große Kameraturm ist beweglich und funktioniert mit Fernauslöser – dafür gibt es verschiedene Fernbedienungen. Man kann zwischen unterschiedlichen Perspektiven wählen: von oben, unten oder auf Augenhöhe. Das ist ja kinderleicht! Schnell ist das ganze Gerät auch verschoben, denn hier gibt es nicht nur langweiligen weißen Hintergrund. Je nach Saison hat man die Qual der Wahl: Drei verschiedene Hintergründe, Requisiten fürs Bühnenbild und jede Menge Accessoires zum Verkleiden und Spielen versprechen unendlich viel Fotospaß. Und über WLAN kann man sogar beim Fotoshooting seine Lieblingsplaylist hören.

Das Atelier kann man für 20-Minuten-Sessions buchen, danach gibt's alle Fotos per Link zugesandt, und man kauft die Bilder, die einem am besten gefallen.

Adresse Sternhofweg 54, 5020 Salzburg // ÖPNV Bus 5, Haltestelle Dossenweg, Parken: kostenlose Parkplätze findest du direkt beim Studio. // Öffnungszeiten Terminvereinbarung unter Tel. 01391/039160 oder online

TIPP: Ein weiteres Press the Button Studio gibt es in Salzburg-Parsch in der Eichstraße 5.

81_ DER PUMPTRACK IN WALS

Ein Paradies für kleine Mountainbiker

Er ist eine neue Dimension des Mountainbikens und Freeridens, der Asphalt-Pumptrack in Wals Siezenheim, direkt am Autobahnsee, an der Stadtgrenze Salzburgs. Hier wird nämlich nicht getreten, hier wird »gepumpt«. Das bedeutet, dass man schneller wird, wenn man mit seinem ganzen Körpergewicht auf die Lenkstange drückt. Bei den Profis schaut es schon gut aus, die Anfänger halten sich dann doch eher ans Radeln. Aber was alle gemeinsam haben, ist eine gute Schutzausrüstung, die mindestens aus einem Helm besteht, Ellbogen- und Knieschützer sind empfehlenswert. Manche Biker tragen sogar Rückenprotektoren.

Auf insgesamt 900 Quadratmetern liegen zwei gespiegelte, hügelige und kurvige Strecken mit Steilkurven sowie eine Jumpline. Ideal für Anfänger, aber auch Profis und jeden, der es mal ausprobieren möchte.

Hier ist ganz schön was los, aber alle Teilnehmer haben den nötigen Respekt und Geduld. Das ist wichtig, damit keine Zusammenstöße passieren. Zwischen routinierten Bikern, die hier wohl öfter ihre Runden drehen, sieht man auch ganz kleine Nachwuchsfahrer und Mamas und Papas, die nebenherlaufen.

Nach ausgiebigem Um-die-Kurven-Flitzen und jeder Menge Spaß kommen aber Anfänger wie Profis an ihre Grenzen, denn das Pumpen geht in die Arme und Beine. Darum tut ein Päuschen gut, bei dem es sich alle auf dem großen Areal gemütlich machen.

Gleich nebenan gibt es für die Kleinsten einen Spielplatz, sollte das Zuschauen langweilig werden, können sich die Kids dort vergnügen.

Adresse Uferstraße 27, 5071 Viehhausen // **ÖPNV** Bus 27, Haltestelle Viehhausen Schule // **Öffnungszeiten** rund um die Uhr // ab 6 Jahre

TIPP: Eine richtig coole BMX-Strecke gibt es in Salzburg-Josefiau, hier kann man sich im Wald austoben.

82_DAS RADIOMUSEUM

Eine nostalgische Reise mit Kofferradio

Im Radiomuseum gibt es über 250 Geräte – und Herrn Walchhofer, dessen Leidenschaft es ist, den Besuchern alles über UKW und vor allem das, was davor war, zu erzählen. Jeden Mittwoch nimmt er seine großen und kleinen Besucher in Empfang und entführt sie in längst vergessene Tage. Dabei zeigt er historische Geräte und erklärt die technische Entwicklung des Radios. Vom Funksender bis zu UKW-Geräten der 60er Jahre ist da allerhand dabei. Eine nostalgische Reise zurück zu den Anfängen der Informationsvermittlung und des Hörfunks. Denn es gab eine lange Geschichte vor Spotify und der Tonie Box. Und vor dem Radio gab es ja noch Detektorgeräte und Telefoniehörer. Die Kinder können selbst die Radios ausprobieren und ihren eigenen Detektorempfänger bauen.

Herr Walchhofer nimmt sich viel Zeit, um auch den nicht so technikaffinen Besuchern das Wunder Radiowelle näherzubringen. Anhand kleiner Experimente erläutert er kindgerecht Funken und die Empfangsspirale oder wie das war, als man noch mit dem Telefonhörer die Nachrichten empfing.

Doch auch wenn man nicht allzu viel von Technik versteht, die ausgestellten Geräte sind faszinierend. Und wenn man Glück hat, holt Herr Walchhofer seinen 100 Jahre alten Edison Polygraf aus dem Versteck und spielt eine Walze ab. Übrigens, die erste Aufnahme, die Edison damals erfolgreich machte, war ein Kinderlied. Ein Museum in dem ganz viel Liebe und Geschichte steckt.

TIPP: In Fürstenbrunn befindet sich eine Kugelmühle, in der auch heute noch prunkvolle Marmorkugeln hergestellt werden.

Adresse Hauptstraße 3, 5082 Grödig, www.radiomuseum-groedig.at // **ÖPNV** Bus 5, 35, Haltestelle Grödig Marktplatz // **Öffnungszeiten** Mi 15 – 19 Uhr // ab 6 Jahre

83_DIE RIESENBREZEN

Schokofinger-Alarm bei der Mozartkugel in Brezenform

Direkt am Grünmarkt neben der Universitätskirche steht das blaue Standl, man kann es kaum übersehen. Was als kleiner Brezenstand begann, ist mittlerweile groß geworden. So werden neben dem »Hauptstandl« am Grünmarkt die frischen Brezen auf verschiedenen Märkten und Kirtagen in ganz Österreich und Italien verkauft!

Mittlerweile gehören sie fast zu Salzburg wie die Mozartkugel: die riesigen Reisinger Brezen. Der ideale »Snack« zwischendurch, wenn man die Stadt erforscht. Da es sich bei den Reisinger Brezen um besonders große Exemplare handelt, ist Snack eigentlich untertrieben, für manch einen ersetzen sie auch schon mal das Mittagessen.

Von süß bis pikant ist für jeden Geschmack das Richtige dabei. Alle Brezen werden noch von Hand gemacht und frisch gebacken. Zu den Klassikern gehören die beliebte Laugenbreze sowie Brezen in den Geschmacksrichtungen Pizza, Mohn, Apfel, Krapfen oder Schoko-Nuss. Natürlich gibt es in der Mozartstadt Salzburg auch eine eigene Mozartbreze, umzogen mit Schokolade. Eine Mozartkugel in Brezenform sozusagen. Es empfiehlt sich, sich durchzukosten. Die Riesenbrezen lassen sich auch ganz praktisch teilen. Besonders beliebt sind bei den Kindern übrigens die Krapfen-Brezen und natürlich der Klassiker, Schokolade, doch da heißt es dann Schoko-Finger-Alarm.

Übrigens: Die Brezen hat eine lange Geschichte, denn ihre Form war seit dem 12. Jahrhundert bereits verbreitet, und sie gilt heute als das Symbol und Wahrzeichen der Bäcker.

Adresse Universitätsplatz 1, 5020 Salzburg // ÖPNV Bus 1, 8, 10, 22, 27, Haltestelle Herbert-von-Karajan-Platz // Öffnungszeiten Mo–Sa 9–19 Uhr (außer Feiertage) // ab 1 Jahr

TIPP: Ebenso zu Salzburgs Kulinarik-Must-visits zählt der Balkan Grill in der Getreidegasse 33. Hier gibt es die weltberühmte Bosna, für die es sich lohnt, in der Schlange zu warten.

84_DIE RIKSCHA-TOUR

Die etwas andere Sightseeingtour

Die Salzburger Altstadt kann man auf verschiedenste Arten und Weisen erkunden. Ob zu Fuß, mit einem Sightseeing-Bus, der klassischen Kutsche oder ganz was Neuem: in einer Rikscha. Bequem und unkonventionell eine praktische Art und Weise, die Stadt noch besser kennenzulernen. Ganz egal ob für Touristen oder Einheimische, auf jeden Fall ein tolles Erlebnis. Viele der Fahrradtaxis findet man am Residenzplatz, wo sie auf ihre Fahrgäste warten.

Bei Rikschas handelt es sich ursprünglich um kleine Gefährte mit zwei Rädern, die von Menschen gezogen werden. Sie kommen traditionell aus dem asiatischen Raum, mittlerweile haben sie es jedoch auch in unsere Breitengrade geschafft, werden heutzutage mit einem Fahrrad betrieben und bieten Platz für zwei Personen. Je nach Saison tummeln sich einige Rikschafahrer vor der Residenz, ein Geheimtipp ist es, nach Sigmar Ausschau zu halten, der besonders charmant durch die Stadt radelt. Kinder kann man auf den Schoß nehmen, sie zahlen nichts für die Tour. Nun heißt es, sich zurücklehnen und kutschieren lassen.

Die etwas andere und vor allem günstige Art, sich die Stadt anzuschauen. Man kann Sigmar und seine Rikscha übrigens auch als Shuttle mieten. Wenn die kleinen Füße es zum Beispiel nicht mehr zum Auto schaffen, könnte man auf das nächste Fahrradtaxi hüpfen und sich zum Auto fahren lassen. Ein besonders aufregendes Erlebnis für die Kids. Und auf einmal kann der Weg zum Auto gar nicht lange genug dauern.

TIPP: Freilich kann man sich in Salzburg auch ganz traditionell mit der Pferdekutsche durch die Stadt fahren lassen. Diese stehen vor dem Dom.

Adresse Residenzplatz, 5020 Salzburg // **ÖPNV** Bus 3, 5, 6, 7, 8, 9, 10, 14, 25, 27, 28, Haltestelle Mozartsteg/Rudolfskai // ab 1 Jahr

85_DIE ROCK ACADEMY KIDS

Endlich einmal Rockstar sein

Für kleine Rockstars gibt es im Rockhouse ein cooles Angebot. Bei Schnupperworkshops können sechs- bis zehnjährige Kids, die Spaß an Musik haben, verschiedenste Instrumente kennenlernen und ausprobieren. Hier ist Platz für jeden, Anfänger und Profi. Vorkenntnisse sind nicht notwendig. Ob Schlagzeug, Gitarre oder am Mikrofon. Es sind verschiedene Instrumente aufgebaut. Zusammen wird dann mit einem Musikprofi ein Stück einstudiert und am Ende gemeinsam performt.

Die Workshops finden einmal im Monat statt, die genauen Termine gibt es auf der Webseite. Eine Anmeldung ist erforderlich.

Wenn man sich noch nicht ganz sicher ist, kann man auch gern mal als Zuschauer vorbeischauen oder das Programm »Rock The Family« nutzen – Rock- und Popmusik für Kids und ihre Mamas und Papas. Für ein besonderes Familienabenteuer mit ganz viel Spaß. »Rock The Family« findet in den Schulferien statt. Gemeinsam mit den Eltern, Oma, Opa, Tante oder Co. können die ersten Schritte im weiten Reich der Musik gewagt und Impulse für ein aktives gemeinsames Musizieren gesetzt werden.

Ohne Hemmungen in die Tasten hauen, wilde Riffs auf der Gitarre ausprobieren oder erste Versuche auf den Drums wagen – in jedem Fall ein Erlebnis, das Spaß für die ganze Familie garantiert. »Let's Rock!«

Wer weiß, vielleicht wird hier der nächste Rockstar geboren und der Weg zu ersten goldenen Schallplatte geebnet.

TIPP: Der nostalgische »Musikladen«, wo es noch echte Schallplatten zu kaufen gibt, befindet sich in der Linzer Gasse 58.

Adresse Schallmooser Hauptstraße 46, 5020 Salzburg, Tel. 0662/8849140 // **ÖPNV** Bus 4, Haltestelle Canavalstraße // **Öffnungszeiten** aktuelles Programm auf www.rockhouse.at // ab 6 Jahre

86_DAS SALZBURGER GLOCKENSPIEL

Kling, Glöckchen, klingelingeling

Wenn man über den Mozartplatz schlendert, kann man, wenn man zur richtigen Zeit da ist, zauberhafte Klänge vernehmen. Diese kommen aus dem Glockenturm über dem Panoramamuseum, wo sich das Salzburger Glockenspiel befindet. Das Läuten kann man jeden Tag dreimal erleben, und zwar jeweils um 7, 11 und 18 Uhr. Nur an zwei Tagen im Jahr bleibt es ganz still: Am Karfreitag und am Karsamstag werden keine Glocken geläutet.

Wer meint, er hätte das schöne Läuten ja schon gehört, wird immer wieder überrascht, denn es gibt bereits über 100 verschiedene Musikstücke auf der großen Messingwalze. Gespielt werden viele bekannte Melodien, unter anderem von Vater und Sohn Mozart, sowie Stücke aus der Zauberflöte, aber auch Volkslieder. Natürlich darf auch das berühmte Salzburger Weihnachtslied »Stille Nacht, heilige Nacht« im Repertoire nicht fehlen.

Wer das technische Wunderwerk einmal genauer mit seinen Kindern anschauen will, kann den Glockenspielturm bei einer Führung (Ende März bis Ende Oktober) besteigen. Einen wundervollen Rundblick über die Stadt gibt es bei schönem Wetter gratis dazu. Die Tickets bekommt man an den Museumskassen Neue Residenz und Panorama Museum.

Das Glockenspiel ertönte erstmals 1703 und ist äußerst komplex. Es besteht aus 35 Glocken, einer großen Messingwalze mit 7.970 Löchern und dem Werk selbst. Ein toller Platz für das Hörerlebnis ist der Gastgarten vom MUS Café.

Adresse Mozartplatz 1, 5010 Salzburg // ÖPNV Bus 3, 5, 6, 7, 8, 9, 10, 14, 25, 28, 27, Haltestelle Mozartsteg/Rudolfskai // Öffnungszeiten Führungen nur mit Anmeldung, Aug.–Okt. Do 17.30 Uhr, Juli–Okt. Fr 10.30 Uhr // ab 3 Jahre

TIPP: Im Panorama Museum gleich nebenan gibt es jeden letzten Sonntag im Monat »Kunst & Kipferl«. Ausstellungsbesuche und kreative Experimente für Kinder ab fünf Jahre mit Eltern.

87_DER SCHAUKELWEG

Beschwingter Wanderspaß für Groß und Klein

Acht lustige Schaukelstationen erwarten die ganze Familie auf diesem fünf Kilometer langen Wanderweg durch die Natur Antherings. Ausgangspunkt ist das Wildpferd beim Kindergarten. Von dort geht es los, durch Wald und Wiese, über Asphalt und Schotterwege. Auf dem Schaukelweg gibt es ausreichend Rastmöglichkeiten, sodass Eltern und Kinder den Aufenthalt genießen und auch immer wieder ein Päuschen einlegen können. Sogar an einer Alpaka-Weide kommt man vorbei, beim angrenzenden Laden kann man auch Alpaka-Produkte kaufen.

An der ersten Station, direkt vor dem Kindergarten, empfiehlt es sich, einen kleinen Folder mit der Wegstrecke mitzunehmen. Von hier aus kann man entweder einen Miniweg einschlagen und die Wolkenschaukel sowie den Wirbelwind besuchen oder sich auf den längeren Weg machen und gleich zur Herkulesschaukel wandern. Schilder und die Wanderkarte zeigen, wo es langgeht. Auf der Brett-Wippschaukel können die Kids ihre Kräfte messen. Von dort führt der Weg weiter über die Wiese in Richtung Wald, wo sich die Hollywoodschaukel befindet. Im Wald gibt es auch ein kleines Bacherl, das zum Spielen einlädt. Über die Brücke geht es dann zum Ende des Waldes, wo die Nestschaukel wartet, ein Schaukelspaß auch für die ganz Kleinen. Hier führt der Weg ein Stück bergauf, bei nassem Wetter kann es matschig sein, es empfiehlt sich passendes Schuhwerk. Die Waldstrecke ist nur bedingt kinderwagentauglich. Vorbei beim Sperlbauer kommt man zum Schluss zur 3-Freunde-Schaukel und zur Affenschaukel.

TIPP: In der Antheringer Au gibt es Wildschweine zu beobachten. Man kann sogar eine geführte Fütterung im Oldtimer gemeinsam mit dem Förster miterleben.

Adresse Start und Ziel: Kindergarten, Schmiedingerstraße 3, 5102 Anthering, nur teilweise für Kinderwagen geeignet // **ÖPNV** Schnellbahn S 1, S 11, Haltestelle Anthering Bahnhof // ab 1 Jahr

88_DIE SCHNELLSTE INDOOR-RUTSCHE

Eine Reise durch die Geschichte des Spielzeugs

Museum ist nicht gleich Museum. Denn dieses besondere Museum ist mehr eine interaktive Spielwelt als ein klassisches Museum. Ein Platz für Kinder zum Erforschen, zum Entdecken, zum Toben und Spielen.

Es bietet für Kinder jeden Alters ein großes Abenteuer. Ob Krabbelraum, Leseecke, Bobbycars, elektrische Eisenbahnen, Kaufmannsladen, Murmelbahnen oder die schnellste Indoor-Rutsche der Stadt. Ein einziger Besuch reicht nicht aus, um alles kennenzulernen. Hier gibt es nichts, was es nicht gibt! Und das liebevoll gestaltet. Eine Reise durch die Geschichte des Spielzeugs, nicht nur zum Anschauen, nein, vor allem zum Selberspielen, Probieren, Testen. Also Schuhe am Eingang gegen Patschen tauschen und nichts wie rein in die Welt des Spielens.

Im Untergeschoß wird gebaut, gerollt oder gedüst. Bau dir deine Welt, wie sie dir gefällt: Kleine Bauingenieure und die, die es einmal werden wollen, finden im Erdgeschoß ihr kleines Paradies. Hier können sie die coolsten Kreationen bauen. Aber auch die Murmelbahnen faszinieren kleine Entdecker und Forscher. Am Eingang kann sich jedes Kind eine Murmel nehmen und eine der vielen verschiedenen Murmelbahnen ausprobieren oder selbst bauen.

Im Raum bei den Matador-Konstruktionen gibt es eine Tee-Insel. Hier können Mama und Papa kostenlos eine Tasse Tee genießen, während die Kinder ihr Traumauto zusammenbauen. Wer nicht ganz so gern selbst baut, schnappt sich einfach ein Bobbycar und kann um die Wette düsen.

Adresse Spielzeugmuseum, Bürgerspitalgasse 2, 5020 Salzburg, www.spielzeugmuseum.at // **ÖPNV** Bus 1, 8, 10, 22, 27, Haltestelle Herbert-von-Karajan-Platz // **Öffnungszeiten** Di–So 9–17 Uhr // ab 0 Jahre

TIPP: Wer nach dem Museumsbesuch Lust auf eine kleine Reise in den Süden hat, sollte im Coolinarik Café in der Münzgasse 1 vorbeischauen. Bei Rea und ihrem Team gibt es gemütliches Strandfeeling und leckere bunte Knödel in süß und sauer.

89_DER SCHNELLSTE WEG HINAUF

Mit dem Aufzug in 30 Sekunden auf den Mönchsberg

Viele Wege führen auf den Mönchsberg, doch der schnellste Weg geht durch den Berg.

Aufzüge kennt man vor allem aus Hochhäusern, doch in Salzburg kann man mit dem Aufzug sogar mitten durch einen Berg fahren. In kürzester Zeit geht es da hoch hinaus, und das praktisch ohne eigene Anstrengung. Was viele nicht wissen, schon im 19. Jahrhundert gab es einen elektrischen Aufzug an der Felsaußenwand, er war 60 Meter hoch und gehörte damit zu den höchsten seiner Zeit. In den 1940er Jahren wurde der Aufzug nach innen verlegt und vergrößert, um die Leistungsfähigkeit zu erhöhen.

60 Meter hoch geht es aber auch heute noch – und zwar ganz schön schnell. Die Talstation befindet sich am Anton-Neumayr-Platz. Dort geht es mit dem Innenlift innerhalb von 30 Sekunden direkt ins Gebäude des Museums der Moderne, welches auf 485 Metern liegt. Dieses Erlebnis beeindruckt die kleinen Liftfahrer besonders, und am liebsten würden sie gar nicht mehr aussteigen, sondern immer auf und ab fahren.

TIPP: Eine gemütliche und spezielle Gaststätte am Mönchsberg befindet sich nur ein paar Gehminuten vom Lift entfernt: die Stadtalm.

Oben angekommen, kann man den Ausblick über die Dächer der Stadt aus der Vogelperspektive genießen, die Stadt gleicht größenmäßig dem eigenen Spielzeug. Außerdem ist es ein toller Ausgangspunkt für einen Spaziergang im Naturschutzgebiet am Mönchsberg. Kleine Schleckermäuler freuen sich über eine Tasse heiße Schokolade und ein Stück Kuchen im Restaurant M32 – entweder auf der schönen Aussichtsterrasse oder drinnen, vielleicht unter dem Tisch mit dem großen Hirschgeweih-Luster. Dieser wirkt für Kinder ganz schön beeindruckend.

Adresse Gstättengasse 13, 5020 Salzburg // **ÖPNV** Bus 1, 8, 10, 23, 24, 27, 28, Haltestelle Mönchsbergaufzug // **Öffnungszeiten** Mo 8–19 Uhr, Di–So 8–21 Uhr, Juli, Aug. täglich 8–23 Uhr // ab 2 Jahre

90_DAS SCIENCE CENTER

Wissenschaftliche Versuche im Haus der Natur

Wie erzeugt man eigentlich Strom? Im Science Center im Haus der Natur können Kinder (und auch Erwachsene) auf zwei Etagen in die Welt der Forschung eintauchen und an verschiedenen Experimenten erleben, welche Kräfte wirken können.

In der unteren Etage geht es um das Thema Energie und Heben. Die Kinder können auf einer hydraulischen Hebebühne durch den Raum schweben und diese steuern. Außerdem können sie selbst Kraftwerk sein und lernen, wie viel Energie es braucht, um eine Glühbirne zum Leuchten zu bringen oder einen ganzen Ort mit Strom zu versorgen. Ob im Sonnenenergie-Laufrad wie ein Hamster im Kreis zu laufen oder Wasserexperimente, das Lernspektrum ist groß und fasziniert Groß und Klein, und gibt erste Einblicke in die Technik der Fotovoltaik.

Im zweiten Stock des Science Centers wird weiter experimentiert. An verschiedenen Stationen können Kinder spielerisch in die Welt der Physik, Technik und Mathematik eintauchen. Große Naturgesetze werden durch kleine Versuche erklärt und verständlich dargestellt: ob mit Druckluft Raketen zu starten oder einen Ball wie von Zauberhand durch Ringe schweben zu lassen. Einfache Experimente machen große Kraftwirkung für alle verständlicher. Man kann sogar mit seinem Fingerabdruck einen Tresor öffnen und ein geheimes Ticket ziehen. Dafür müssen sie aber zuerst den Fingerabdruck ins System einspeichern.

Ein besonderes Highlight ist das Science Lab, jeden Freitag gibt es hier besondere Science Shows zum Thema Chemie und Physik.

Adresse Haus der Natur, Museumsplatz 5, 5020 Salzburg, www.hausdernatur.at // **ÖPNV** Bus 1, 8, 10, 22, 23, 24, 27, 28, Haltestelle Mönchsbergaufzug // **Öffnungszeiten** täglich 9–17 Uhr // ab 3 Jahre

TIPP: Im Haus der Natur befindet sich auch das Stadtcafé. Ein Besuch mit Kindern lohnt sich, da es ein kleines Spielzimmer und richtig gute Waffeln gibt!

91_ DER SMALL HEROES KIDSCONCEPTSTORE

Heldenhaftes Shoppingvergnügen für coole Kids

Ein Must-visit für kleine Shopping-Queens und -Kings oder die, die es einmal werden wollen, ist dieser angesagte und hippe Kidsconceptstore, der mit seiner besonderen Atmosphäre besticht und den man vielleicht eher in Berlin, London oder Stockholm erwartet als am Mirabellplatz. Hier ist der Name Programm: Small Heroes werden in diesem Laden ganz großgeschrieben und fühlen sich auch wohl. Schließlich gibt es ja auch sehr viel zu entdecken.

Gleich in der Nähe des Mirabellplatzes befindet sich dieses Schmuckstück, das alles hat, was das Shoppingherz begehrt. Denn im Kinderladen von der ehemaligen Eisschnellläuferin Anni Friesinger-Postma kann man coole und nachhaltige Produkte kaufen. Von Kleidung über Accessoires bis hin zu Spielzeug. Shopaholics kommen hier bestimmt auf ihre Kosten.

Im Small Heroes Kidsconceptstore bekommt man nicht nur tolle und innovative Geschenke für Kinder jeden Alters, man kann seine kleinen Helden und Heldinnen von Kopf bis Fuß stylish und hochwertig einkleiden. Denn die Shopbesitzerin hat einen super Geschmack und immer die angesagtesten Labels und Teile in ihrem Geschäft. Besonders wichtig ist ihr der Nachhaltigkeitsgedanke. Ob Babyspielzeug, Partyzubehör, Lifestyleprodukte oder Kleidung: Die Produktrange ist groß und qualitativ hochwertig. Und weil eine Shoppingtour richtig müde machen kann, gibt es im In-Store-Cafe für Mama einen Kaffee und für die Minis eine Stärkung.

TIPP: Shopping macht hungrig: Den besten Burger der Stadt gibt es in der Pommes Boutique gleich nebenan.

Adresse Mirabellplatz 7, 5020 Salzburg // **ÖPNV** Bus 1, 2, 3, 5, 6, 14, 25, Haltestelle Mirabellplatz // **Öffnungszeiten** Mo–Fr 10–17 Uhr, Sa 10–16 Uhr // ab 0 Jahre

92_DAS STEINELABYRINTH

Über geheimnisvolle Plätze im Donnenberg-Park

Es sind die Grünflächen, die der Stadt ihr besonderes, charmantes Flair verleihen. Dazu gehört auch der Hans-Donnenberg-Park, welcher sich über die Stadtteile Riedenburg und Nonntal erstreckt.

Wer gern in der Natur spielt, hat hier tolle Möglichkeiten, denn der alte Baumbestand und die kleinen Waldstücke bieten genügend natürliche Kletter- und Balanciermöglichkeiten. Viele Bänke laden zum Verweilen ein und dazu, den Kindern auf ihrer Entdeckungsreise zuzusehen.

Denn der Park ist eine große Abenteuerlandschaft, in der es viele Kleinigkeiten zu entdecken gibt, wie zum Beispiel das Steinelabyrinth von der Künstlerin Diana Reitenbach. Dies zu finden ist für sich schon ein kleines Abenteuer: Geht man an dem Zaun der Heimgärten entlang, weg vom Spielplatz, bietet sich weiter unten bei der zweiten Abbiegung eine asphaltierte Y-Kreuzung, rechter Hand davon liegt ein Wiesenstück. Hier befindet sich das wertvolle Kunstwerk aus 700 Steinen. Ein Labyrinth hat immer nur einen Eingang, einen Weg, dieser führt in die Mitte und auch wieder hinaus. Das Begehen und der damit verbundene Perspektivenwechsel wirken sich beruhigend auf uns aus. Mittlerweile hat die Natur sich ihren Teil vom Steinelabyrinth wieder zurückgeholt, Moos und Gras haben sich auf und zwischen den Steinen breitgemacht. Das tut dem magischen Platzerl aber keinen Abbruch. Die geheimnisvolle, aber doch vertrauensvolle Ausstrahlung ist geblieben.

Der Trampelpfad in Spiralform wirkt verwachsen noch magischer auf die Kids.

TIPP: Es gibt in dem Parkabschnitt nahe dem Almkanal auch einen großen, natürlichen und komplett autofreien Spielplatz, wo geklettert, gerutscht und gespielt werden kann.

Adresse Hans-Donnenberg-Park, Thumegger Bezirk 11, 5020 Salzburg // **ÖPNV** Bus 25, Haltestelle Seniorenwohnhaus Nonntal // **Öffnungszeiten** rund um die Uhr // ab 0 Jahre

93_DAS STEINTHEATER

Große Bühne für das Schauspiel des Lebens

Ein Ausflug nicht nur für kleine Stars und Sternchen ist die Wanderung zum Steintheater. Im Hellbrunner Park geht es durch den Laubwald bergauf. Oben angekommen, erwartet die Besucher eine atemberaubende alte Steinruine. Ein Theater in Stein gemeißelt mit einem Zuschauerraum für 500 Leute. Man kann immer noch fühlen, wie es gewesen sein muss, als hier im frühen 17. Jahrhundert große Opern aufgeführt wurden. Inmitten der Natur, auf dieser mächtigen Bühne, die schon ohne Aufführung beeindruckend genug ist.

Heute gibt es leider kaum noch Veranstaltungen im Steintheater – sollte man dennoch die Gelegenheit haben, hier einmal eine Aufführung zu besuchen, darf man diese nicht versäumen.

An diesem einzigartigen Kraftplatz gibt es viele Ecken zu entdecken, Geschichten zu erfinden, Plätze zum Verstecken. Da wird gekraxelt und geturnt. Wer immer schon mal auf der Bühne stehen wollte, kann dies hier tun und das Stück seines Lebens spielen oder eine Arie trällern. Eine Bühne aus Stein gehauen ist doch viel spannender als jeder Spielplatz. Die vielen Eingänge, Ausgänge und kleinen Höhlen sind wahrlich abenteuerlich und fast ein bisschen mystisch.

Gerade an heißen Sommertagen findet man hier oben beim Steintheater angenehme Abkühlung. Auch die wunderbare Aussicht über den Park sollte man sich gönnen. Das hat man sich nach der Action auch verdient.

Adresse Hellbrunner Park, Fürstenweg 37, 5020 Salzburg, nicht für Kinderwagen geeignet // ÖPNV Bus 25, Haltestelle Schloss Hellbrunn // Öffnungszeiten täglich 6.30–19 Uhr, im Sommer bis 21 Uhr // ab 2 Jahre

TIPP: Filmreif ist
auch der weltberühmte
»Sound of Music«-Pavillon
im Schlosspark Hellbrunn in
der Nähe vom Spielplatz.

94_DIE STIEGEN VOM MÖNCHSBERG

Viele Stufen führen zum Ziel

Über Stock und Stein ging es früher auf den Mönchsberg, doch schon bald hat man begonnen, bequemere Wege auf Salzburgs Stadtberg zu bauen: Stiegen. Diese gehören zu Salzburgs Kulturgeschichte und Stadtbild mit dazu und sind sogar Markenzeichen und Namensgeber des bekannten Stiegl Biers.

Dank der vielen Stiegen war es den Einwohnern möglich, die Stadtberge besser zu erreichen und zu besiedeln. Einige von ihnen sind heute noch erhalten und begehbar. Bei Kindern sind sie sehr beliebt, und mit Begeisterung werden die einzelnen Stufen gezählt. Welche nun die längste ist, das ist die Frage, ganz sicher ist aber, dass jede einzelne davon eine Sehenswürdigkeit für sich ist.

Sehr beliebt und bekannt ist die Clemens-Holzmeister-Stiege (auch als Festspielhausstiege bekannt), über die man den Mönchsberg erreicht. Los geht es im Toscaninihof, direkt neben der Felsenreitschule ist der Aufgang.

Der Stiegenaufstieg lohnt sich für Groß und Klein auf jeden Fall, denn auf dem Mönchsberg gibt es vieles zu erkunden und entdecken, wie zum Beispiel das Schlafende Haus, eine zehn Meter hohe Stahlskulptur direkt vor dem Museum der Moderne, die je nach Tages- und Öffnungszeiten des Museums herumliegt oder aufrecht steht. Wer hat schon mal ein Haus schlafen sehen? Dieses Kunstwerk wird tatsächlich jeden Abend zu Bett gebracht. Spannender für die Kids ist es allerdings, wenn das Haus, das eher an ein rostiges Stahltipi erinnert, erwacht ist, dann kann man nämlich auch hineingehen, und es verwandelt sich vom Kunstwerk in einen faszinierenden Spontan-Spielplatz.

TIPP: Wenn man vom Toscaninihof in die Mönchsberg-Garage geht, kann man bei einem der Schaufenster vom Porsche-Museum kleine Autos per Knopfdruck herumfahren lassen!

Adresse Toscaninihof, 5020 Salzburg // **ÖPNV** Bus 1, 8, 10, 22, 27, Haltestelle Herbert-von-Karajan-Platz // ab 3 Jahre

95_DER STIFTSARMSTOLLEN

Spurensuche in Salzburgs Unterwelt

Nur einmal im Jahr, immer im September, kann man mit Gummistiefeln und Stirnlampe bewaffnet Salzburgs Unterwelt erkunden! Und zwar bei einer geführten Besichtigung des Stiftsarmstollens. Zur Zeit der Almabkehr, wenn der Kanal trockengelegt wird, nutzen viele die Gelegenheit, um in den stillgelegten, uralten unterirdischen Wasserläufen des Almkanals auf Spurensuche zu gehen.

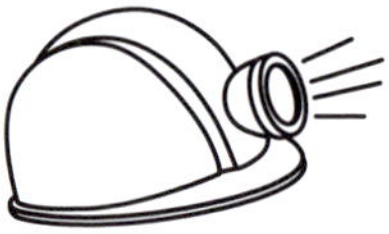

Diese historische Wasseranlage, die eigentlich ins Museum gehört, ist einzigartig.

Da einem Erwachsenen das Wasser manchmal bis zu den Waden geht, empfiehlt es sich, Gummistiefel anzuziehen, die Allerkleinsten müssen vielleicht hier und da sogar hochgehoben werden, denn bei einer Größe von einem Laufmeter steht den Minis das Wasser schon mal bis zu den Knien. Dann noch eine warme Jacke anziehen, denn da unter der Erde kann's recht kalt werden. Wenn Groß und Klein gut ausgerüstet sind, geht es hinunter in den dunklen Stiftsarmstollen, dessen Entstehungsgeschichte bis ins 12. Jahrhundert zurückgeht. Ein bisschen fühlt man sich wie ein Maulwurf in den engen schmalen Gängen. Während es für Mama und Papa meist gebückt durch die engen Gänge des künstlich angelegten Kanalsystems der Stadt geht, können kleine Menschen gemütlicher durchschlendern. Der Untergrund, auf dem man hier wandert, ist übrigens besonders nobel, denn es handelt sich um roten Marmor. Was man sicher nicht erwartet, ist, dass es sich hier um alte Grabsteine des Domfriedhofs handelt, die man nach dessen Auflösung quasi recycelt hat. Ein klein wenig unheimlich kann einem da ja schon werden, oder?

TIPP: Ganz in der Nähe vom Ausgangspunkt befindet sich der Krauthügel, wo man im Winter Schlitten fahren kann.

Adresse Treffpunkt für die Führungen: Schleusenhäuschen in der Brunnhausgasse, 5020 Salzburg, 47°47'36.5"N 13°02'42.1"E // **ÖPNV** Bus 5, 25, Haltestelle Petersbrunnstraße // **Öffnungszeiten** drei Wochen im September, Terminvereinbarung unter www.stiftsarm.at, wichtig: Anmeldungen sind in den Monaten Mai und Juni sowie ab Ende August möglich // ab 4 Jahre

96_DIE STIFTSBÄCKEREI ST. PETER

Ein gutes Stück Sauerteigbrot mit langer Geschichte

Ein bisschen versteckt hinter dem Friedhof von St. Peter findet man noch die einzige Bäckerei, welche in der Altstadt Brot erzeugt und verkauft: die Stiftsbäckerei St. Peter. Sie liegt mitten im Zentrum der Salzburger Altstadt und hat eine lange Geschichte. 850 Jahre lang wurde die Mühle vom Kloster St. Peter betrieben, bis sie im Jahre 1967 entfernt wurde. Auch wenn die Bäckerei geblieben und weitergeführt wurde, fehlte fortan ein Stück Geschichte.

2006 bekam sie aber glücklicherweise ein neues Mühlrad, das die Bäckerei seither mit Energie direkt aus dem Almkanal versorgt. Es ist vier Meter hoch und befindet sich direkt vor der Bäckerei und kann dort bestaunt werden. Mühlen haben eine besondere Anziehungskraft auf Kinder, sie können eine ganze lange Zeit damit verbringen, dem Rad dabei zuzusehen, wie es sich durch das Wasser dreht. So sieht man oft kleine Beobachter am Zaun stehen, die dieses alte Traditionswerk bestaunen.

Klein und Groß können in der Schaubäckerei nicht zur beim Backen zuschauen, sondern natürlich auch etwas kosten. Bei dem Duft, den die kleine Stube verströmt, kann man es kaum abwarten zu naschen. Fast wie bei Oma in der Küchenstube. Die Stiftsbäckerei St. Peter ist vor allem für ihr Schwarzbrot aus Natursauerteig aus dem holzbefeuerten Ofen bekannt. Dabei handelt es sich um 100 Prozent regionales Brot von höchster Qualität: Der Ursprung hat großen Wert, das Roggenmehl kommt aus der hauseigenen Steinmühle, Holz aus den stiftseigenen Wäldern und die Energie aus dem Almkanal.

TIPP: Nicht weit von der Stiftsbäckerei, im Vorraum der Stiftskirche St. Peter, hängt ein steinerner Brotlaib, um den sich viele Sagen ranken.

Adresse Kapitelplatz 8, 5020 Salzburg, www.stiftsbaeckerei.at // **ÖPNV** Bus 3, 5, 6, 7, 8, 9, 10, 14, 25, 27, 28, Haltestelle Mozartsteg/Rudolfskai // **Öffnungszeiten** Mo, Di, Do, Fr 7–17 Uhr, Sa 7–13 Uhr, frisches Brot gibt es Mo und Di ab ungefähr 8.30 Uhr und Do–Sa bereits ab 7.30 Uhr // ab 2 Jahre

97_DIE STREET-ART MIT ENGELN

Himmlische und coole Straßenkunst

Wenn man im Stadtteil Mülln durch die Bahnunterführung Gaswerkgasse spaziert, landet man im wohl coolsten Outdoor-Museum der Stadt. Die Wände des Bahnhofs Mülln-Altstadt sind kunterbunt besprüht, und jedes Graffito hat so seine eigene Geschichte.

Unbedingt sehen sollte man das himmlische Graffito, wenn man nach der Unterführung rechts abbiegt. Hier thronen zwei große Engelsflügel auf blauem Hintergrund. Davor steht ein Stein. Praktisch, denn das Bild ist der perfekte Hintergrund für ein engelhaftes Erinnerungsfoto! Stellt man sich auf den Stein, verleiht die Wand Flügel, und so wird aus jedem ein kleiner Engel! Aber vorsichtig, vor dem Kunstwerk ist ein dicht befahrener Fahrradweg, was die Fotosession auch etwas riskant machen kann!

In der Gegend rund um den Bahnhof Mülln gibt es viele Graffiti zu entdecken. Denn das Besprühen von Wänden ist schon lang kein verbotenes Hobby mehr, das nur heimlich des Nächtens durchgeführt wird. Mittlerweile zählt es immer mehr zur Kunst, und es gibt große Graffiti-Festivals. Eines davon hat in den letzten Jahren auch in Salzburg stattgefunden, das Underbridge Street Art Festival! Und ein »Überbleibsel«, vielmehr ein besonders wundervolles Kunstwerk befindet sich ein paar Häuser vom Schnellbahn-Bahnhof entfernt, direkt an der Hauswand beim Elektro Hermann, an der Gaswerkgasse 3. Ein Porträt zweier Mädels ziert hier eine komplette Hausfassade. Atemberaubend schön, engelsgleich, von Jana & JS aus Salzburg.

TIPP: Im Hinterhof vom A&O Hotel in der Fanny-von-Lehnert-Straße 4 gibt es ein hausfassadengroßes Gemälde von spielenden Clowns.

Adresse Kreuzbründlgasse, 5020 Salzburg // **ÖPNV** Bus 4, 7, 21, 24, Haltestelle Strubergasse // ab 1 Jahr

98_THE BAKERY

Happy peppy Kinderfrühstück und Pancakes für alle

The Bakery von Didi Maier befindet sich in Salzburgs größtem Shoppingcenter, dem Europark. Wenn man schon mal hier ist, sollte man unbedingt mit der ganzen Familie einkehren, denn ob zum Frühstück, nachmittags zu Kakao und Kuchen oder zwischendurch für einen kleinen Snack, in der Bakery gibt es immer das Passende. Und: Kinder sind ganz besonders willkommen! Auf der Frühstückskarte gibt es sogar eine eigene Kinder-Auswahl, den Baby Brunch! Ein spezielles Angebot für »the best kids ever«: Babycappo, happy peppy Kinderfrühstück, Babycake, Bio-Brei oder Früchtespieß. Neben dem beliebten Baby Brunch sind aber auch fluffy Pancakes und andere Köstlichkeiten im Angebot. Auch die Kuchenvitrine ist ganz schön beeindruckend und schreit: »Bitte alles auf einmal zum Mitnehmen.«

Sehr praktisch: Wenn die Kleinen fertig sind und es nicht mehr an den Tischen aushalten, können sie in der Kinderecke in Sichtweite spielen. Hier gibt es allerlei Spielzeug, Bücher und eine Multimedia-Touch-Station.

Zum Lokal, das übrigens auch ohne Shoppingcenter-Ausflug einen Besuch lohnt, gehört ein großer Gastgarten, an dem man an sonnigen Tagen unbedingt eine Frozen-Yogurt-Kreation des Hauses genießen sollte. Draußen haben die Kinder besonders viel Platz zum Herumlaufen, Toben oder die Möglichkeit, auf den bunten, geometrischen Bankerln herumzukraxeln. Der Vorplatz ist frei von Autos und in Sichtweite des Gastgartens.

Adresse Europark Salzburg, Erdgeschoß, Europastraße 1, 5018 Salzburg // **ÖPNV** O-Bus 1, 9, 12, Haltestelle Europark // **Öffnungszeiten** Mo–Do 9–19.30 Uhr, Fr 9–21 Uhr, Sa 9–18 Uhr // ab 0 Jahre

TIPP: Schräg gegenüber befindet sich vor IKEA ein Spielplatz mit Piratenschiff.

99_DAS VOLKSGARTENBAD

Badeglück im ältesten Freibad der Stadt

Pack die Badehose ein und ab ins Freibad! In den Sommermonaten geht nichts über einen Sprung ins kühle Nass. Besonders stilvoll kann man dies in Salzburgs ältestem noch bestehenden Freibad tun, nur ein paar Minuten vom Zentrum entfernt, im Volksgarten.

Im Volksgartenbad scheint die Zeit ein wenig stillzustehen, irgendwie ist die Atmosphäre retro, wenn man das so sagen kann. Ein klassisches Schwimmbad wie aus Mamas und Papas Kindertagen. Das Waschbetonplattenflair verströmt Nostalgie pur.

Den Besuchern steht einiges zur Verfügung: Für größere Kinder gibt es zwei Schwimmbecken und für die kleinen und kleinsten Nichtschwimmer ein mit Sonnensegel überdachtes Kinder- und Planschbecken mit lustiger Elefantenrutsche. Mama und Papa können gemütlich am Beckenrand im Schatten sitzen und alle im Auge behalten. Wer genug vom Planschen hat, tobt sich am Spielplatz auf der hinteren großzügigen (Liege-)Wiese aus. Und wer mehr Action sucht, spielt eine Runde Tischtennis oder Volleyball.

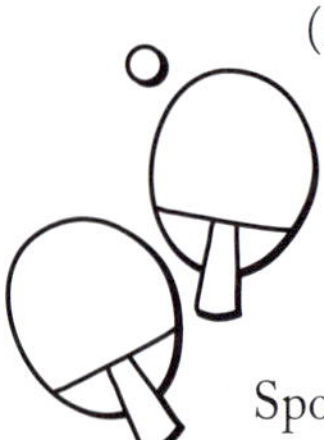

Eine Pause muss sein: Grüne Liegewiesen bieten Platz zum Rasten und Sonnenbaden. Stärken kann man sich am Buffet. Das Bad-Restaurant Two Seasons Sportsbar hat eine vielfältige Speisekarte. Den Flammkuchen und die vielleicht besten Burger der Stadt sollte man sich nicht entgehen lassen. Die Auswahl ist gewaltig! Na dann, Mahlzeit! Und als Nachspeise gibt's ein klassisches Eis am Stiel.

Adresse Hermann-Bahr-Promenade 2, 5020 Salzburg // **ÖPNV** Bus 6, 7, 10, 12, Haltestelle Volksgarten // **Öffnungszeiten** bei Badewetter Mai–Mitte Sept. 9–19 Uhr, Juni–Aug. Nachtschwimmen bis 22 Uhr, Sa und So bis 22.30 Uhr // ab 0 Jahre

TIPP: Hinter der Eisarena gibt es einen neuen Motorikpark.

100_DER WAKEBOARDLIFT

Fun und Action im Naturbad

Eine der schönsten Naturoasen im Sommer ist bestimmt das Waldbad Anif in Salzburgs sonnigem Süden. Nur ein paar Autominuten von der Stadt entfernt, findet man hier idyllisch gelegen, fast ein bisschen verzaubert, dieses versteckte Naturparadies. Das Naturbad zählt zu den größten in Salzburg und lädt nicht nur zum Schwimmen ein. Auf, in und unter Wasser können sich hier kleine und auch große Outdoor-Fans austoben.

Hier ist noch alles im grünen kühlen Bereich: Das glasklare Bergwasser hat Trinkwasserqualität und ist ein bisschen frisch, umgeben von Bäumen, mitten in der Natur kann man aber jede Menge Spaß und Abenteuer erleben. Ein perfektes Platzerl, wo sich Jung und Alt sportlich richtig auspowern können, ob beim Stand-up-Paddeln, Tauchen oder seit Kurzem beim Wakeboarden.

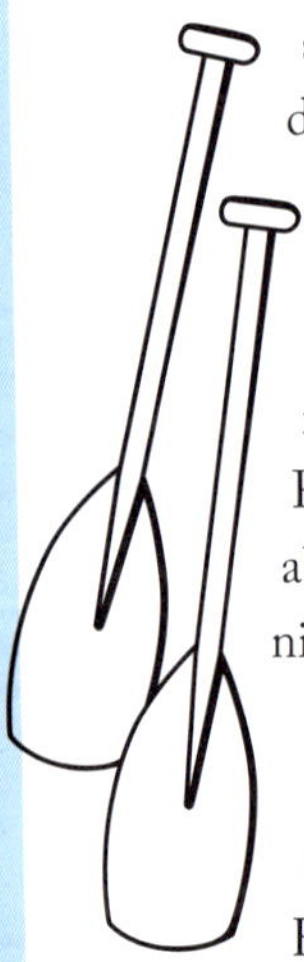

Der neue Wakeboardlift ist das absolute Highlight für Sporthelden und auch der einzige seiner Art im ganzen Bundesland. Für Anfänger gibt es sogar ein spezielles 1:1-Training mit Tipps und Tricks vom Trainerteam. Ob Neustarter oder Fortgeschrittener, bis zum Sonnenuntergang können die Kids ab zehn Jahre am See richtig Gas geben. Und für die, die noch nicht so weit sind, gibt es viel zum Zuschauen.

Wer genug vom Wasser hat, findet aber auch an Land viel Action: Tischtennis, Beachvolleyball oder Badminton zählen zum sportlichen Angebot. Auch der Kletterpark befindet sich in der unmittelbaren Umgebung (siehe Ort 54).

Im Waldbad bleiben keine Wünsche offen, es wird für Familien, die Ruhe suchen, aber auch aktive Outdoor-Helden jede Menge geboten.

TIPP: Sportlich kann man sich auch im Cage Skatepark in der Alpenstraße auspowern.

Adresse Waldbadstraße, 5081 Anif, www.waldbadanif.at // **ÖPNV** Bus 170, Haltestelle Maximarkt // **Öffnungszeiten** nur bei Schönwetter, April–Juni, Sept. 10 Uhr bis Sonnenuntergang, Juli, Aug. 9 Uhr bis Sonnenuntergang // ab 10 Jahre

101_DAS WASSERSCHLOSS ANIF

Versteckt und geheimnisvoll hinter hohen Hecken

Das wunderschöne, geheimnisvolle Wasserschloss in Anif ist in Privatbesitz und wird bis heute von einem Grafen und seiner Familie bewohnt. Es verbirgt sich hinter hohen Hecken und Mauern und fasziniert durch seine Unerreichbarkeit. Denn kleine Prinzen und Prinzessinnen, die nun gern durch die prunkvollen Schlossräume wandern möchten und einen echten Grafen kennenlernen wollen, werden leider enttäuscht. Aber keine Sorge, ganz umsonst ist der Besuch nicht. Denn man kann entweder durchs große Tor direkt an der Salzachtalstraße spitzeln oder an den Hecken entlangspazieren und mancherorts durch die Äste schauen, um das wunderschöne Schloss zu erblicken, das an einem künstlich angelegten Weiher steht.

Am besten geht man dafür am Gastgarten des angrenzenden Restaurants Schlosswirt zu Anif vorbei und folgt dem kleinen Wanderweg entlang der Schlosshecken zu den Feldern, die dahinter liegen. Im Herbst und Winter ist übrigens die beste Zeit für einen Besuch, denn da sind die Hainbuchenhecken nicht ganz so dicht.

Zweimal im Jahr hat man sogar die Möglichkeit, zumindest Teile des Parks zu besichtigen: Zu Fronleichnam für die kirchliche Prozession und am 8. Dezember zum abendlichen Turmblasen werden die Schlosspark-Tore geöffnet.

Vor allem das traditionelle Turmblasen ist eine ganz besondere Gelegenheit, dem geheimnisvollen Schloss ein bisschen näher zu kommen: vorweihnachtliche Klänge der Anifer Bläser, im Idealfall verschneite Landschaft und eine Tasse Tee locken viele Familien an diesem besonderen Tag an.

TIPP: Wer einen Schlosspark besuchen und durch eine schöne Gartenanlage spazieren möchte, besucht das Schloss Kleßheim.

Adresse Schlossallee 1/ Salzachtalbundesstraße 7, 5081 Anif // **ÖPNV** Bus 28, 840, Haltestelle Anif bei Salzburg Schlosswirt // **Öffnungszeiten** nur von außen zu besichtigen // ab 3 Jahre

102_WASSER.SPIEGEL

Wo Trinkwasser zum Erlebnis wird

Oben am Mönchsberg, im Hochbehälter, steht das Erlebnis-Technik-Museum Wasser.Spiegel, das einen spannenden Einblick in die Geschichte und Gegenwart der Salzburger Wasserversorgung gibt. Technisch interessierte Kinder können nicht nur den Wasserbehälter besichtigen und eine Wasserkostprobe durchführen, sondern auch viel über die Entwicklung der Salzburger Wasserversorgung vom Mittelalter bis heute erfahren. Eine ausgesprochen spannende Ausstellung, die an allen Ecken Faszinierendes bietet und Kinderaugen größer werden lässt.

Viele historische und kuriose Ausstellungsstücke dienen als Zeitzeugen und erzählen kleinen und großen Besuchern ihre Geschichte. Die Kinder haben dank eines Querschnittes der Unterwelt beispielsweise die Möglichkeit, unter den Gehweg zu blicken und zu sehen, wie viele Rohre, Kabel sich auf den einzelnen Ebenen befinden. Viele erlebnisreiche Mitmach-Stationen laden kleine Forscher zum Ausprobieren und Experimentieren ein. Es gibt auch eine Mini-»Wasserrutsche« zum Austoben, an der man gar nicht nass wird.

Es empfiehlt sich, warme Kleidung anzuziehen, da die Raumtemperatur stets bei ungefähr 12 Grad Celsius liegt, was an einem warmen Sommertag angenehm sein kann, aber bei zu langem Aufenthalt, was bei der spannenden Ausstellung leicht möglich ist, schnell unangenehm wird.

Zusätzlich zu der interessanten und umfangreichen Ausstellung gibt es immer wieder Workshops und ein umfangreiches Ferienprogramm für Familien sowie das Wasser.Spiegel.Labor.

TIPP: Am Mönchsberg befindet sich auch die Richterhöhe mit zwei Zwingern und einem kleinen Weingarten der Salzburger Pfadfinder.

Adresse Doktor-Ludwig-Prähauser-Weg, Mönchsberg (Nähe Richterhöhe), 5020 Salzburg // **ÖPNV** Bus 1, 8, 10, 22, 23, 24, 27, 28, Haltestelle Mönchsbergaufzug // **Öffnungszeiten** Mai–Okt. Fr–So 10–16 Uhr, Nov.–April So 10–16 Uhr // für Kinder ab 4 Jahre

103_DIE WASSERSPIELE DER NEUSTADT

Bunter Ballspaß beim Wasser-Rinserl

Splish-Splash heißt es bei dem kleinen Wasserspiel nahe der Linzer Gasse! Hier können die Kids bunte Bälle die autofreie Gasse hinunterschwimmen lassen. Immer und immer wieder. Besonders an heißen Sommertagen ein großes Vergnügen.

Das künstlich angelegte Wasser-Rinnserl befindet sich in der Fußgängerzone in Salzburgs Neustadt, in der Richard-Mayr-Gasse, und fließt leicht bergab. Aus diesem Grund eignet sich das kleine Bacherl auch so optimal als freudebringendes Wasserspiel. Hinauflaufen, Bälle ins Wasser werfen und hinunterlaufen, damit man die bunten Bälle wieder auffangen kann. Wer ist der Schnellste?

Wie die Bälle hier hergekommen sind, weiß man nicht genau, aber die Kinder haben ihre Gaudi. Bei diesem ungewöhnlichen Wasserspaß geht es ganz schön zur Sache, und alle zeigen vollen Einsatz. Es wird gespritzt und gepritschelt, was das Zeug hält. Ein Paradies für Kinder, die hier einen Riesenspaß haben. Da bleibt selten die Kleidung trocken. Aus diesem Grund empfiehlt es sich, ausreichend Reservekleidung einzupacken, damit die kleinen Wasserratten auch wieder trocken nach Hause kommen.

Mama und Papa können, während der Nachwuchs tobt, gemütlich in einem der Schanigärten sitzen. Gut geeignet dafür ist die L'Osteria. Hier gibt es gute Pizza, und man hat den besten Blick, aber auch das größte Risiko, selbst nass zu werden.

Adresse Richard-Mayr-Gasse, zwischen der Priesterhausgasse und der Dreifaltigkeitsgasse, 5020 Salzburg // ÖPNV Bus 1, 3, 4, 5, 6, 14, 21, 22, 25, Haltestelle Marktplatz (Theatergasse) // ab 0 Jahre

TIPP: Nicht weit weg, Am Platzl, sprudelt es sogar aus dem Boden heraus. Hier befindet sich ein kleiner in den Boden eingelassener Springbrunnen, wo man sich an heißen Tagen abkühlen kann.

104_DAS WEIHNACHTS-MUSEUM

Wo das Christkind jeden Tag kommt

Lebkuchen, warmer Punsch und Weihnachtslieder rund um die Uhr. Davon träumen Kinderherzen! Wenn doch nur jeden Tag Weihnachten wäre.

Im Salzburger Weihnachtsmuseum im ehemaligen Café Glockenspiel werden diese Träume wahr, denn hier weihnachtet es das ganze Jahr über. Die private Sammlung von Ursula Kloiber erzählt alles über Traditionen und das Brauchtum rund um die Advents- und Weihnachtszeit. Viele Ausstellungsstücke aus den Jahren 1840 bis 1940 gehören zu der wundervollen Sammlung: historische Adventskalender, Briefe ans Christkind, seltener Christbaumschmuck, Weihnachtskrippen und ein großer, glitzernder Weihnachtsbaum. Einfach alles, was zum Weihnachtszauber gehört und Kinderaugen zum Strahlen bringt. Eine wundervolle Reise durch die uns bekannten Bräuche.

Wer sich vor dem Krampus fürchtet, sollte vorsichtig in die Ausstellung auf der linken Seite gehen, denn hier warten viele große und kleine Abbildungen sowie Figuren. Doch keine Angst, er hat auch immer den Nikolaus dabei! Weiter geht's durch die wundervolle Weihnachtswelt zur mechanischen Weihnachtskrippe, welche die Geburt Jesus' zeigt, und dem wundervollen Weihnachtszimmer, welches im 19. Jahrhundert in gut situierten Familien üblich war. Durch die Glastür hindurch kann man sich hier an den Weihnachtsabend wünschen.

Zum Schluss sollte man noch unbedingt im Weihnachtsshop ein Mitbringsel kaufen. Denn das nächste Weihnachtsfest kommt bestimmt!

Adresse Mozartplatz 2, 5020 Salzburg, www.salzburger-weihnachtsmuseum.at // ÖPNV Bus 3, 5, 6, 7, 8, 9, 10, 14, 25, 27, 28, Haltestelle Mozartsteg/Rudolfskai // Öffnungszeiten Mi–So 10–18 Uhr // für Kinder ab 3 Jahre

TIPP: Ende November bis Anfang Jänner sollte man unbedingt das St. Peter Stiftskulinarium besuchen. Da ist das ganze Restaurant weihnachtlich aufgeputzt wie ein Walk-in-Weihnachtsmuseum. Highlight: der Christbaum im Barocksaal.

105_DIE WERKSTATT IN DER SÄULE

Wenn die Luft ausgeht oder Schrauben locker sind

Für alle, die mit ihren Kindern die Stadt per Fahrrad erkunden möchten, ist die Rad-Self-Service-Station beim Unipark Nonntal ausgesprochen praktisch. Hier hängen an einer Werbe-Litfaßsäule verschiedene Werkzeuge und Fahrradpumpen. Wem also beim Radeln die Luft ausgeht oder wer eine Schraube locker hat, kann an der bunten Säule gegenüber der Universität einen Boxenstopp einlegen. Auch ohne Fahrradpanne ist die umgebaute Litfaßsäule eine gute Ablenkung und kurzweilige Beschäftigung für Kinder, denn Werkzeug ist für jedes Alter faszinierend, und hier können die Kleinen einfach mal eine Weile Werkstatt spielen.

Der große, betonierte Vorplatz beim Unipark hat aber noch mehr zu bieten als Fahrrad-Service. Wenn die Werkstattspiele uninteressant werden, können sich die Kids noch austoben: Der Platz bietet viel Freilauf und Abenteuer. Eine besondere Anziehungskraft haben die großen Steine und Betonbankerl zum Klettern und Herumhüpfen.

Wenn man Glück hat, gibt es auch was zu sehen: Neben Studenten, die bei der Kultur- und Gesellschaftswissenschaftlichen Fakultät ein und aus gehen, tummeln sich hier immer wieder, oder vielmehr zu geregelten Zeiten, gern die Street-Skater und Freebiker der Stadt. Eindrucksvoll zeigen sie ihre Kunststücke und Tricks bei cooler Musik. Denn auch wenn es kein offizieller Skatepark ist, es gibt genug Fläche zum Tricksen. Achtung: Hier herrscht neben den Kunststück-Machern auch regulärer Fahrradverkehr.

Adresse Erzabt-Klotz-Straße 1, 5020 Salzburg // ÖPNV Bus 5, 9, 25, 27, Haltestelle Justizgebäude // Öffnungszeiten rund um die Uhr

TIPP: Für alle, die hoch hinauswollen, lohnt sich ein Besuch der Dachterrasse, von wo man – abseits der bekannten Aussichtsplattformen – einen tollen Blick über die Stadt hat.

106_DER WURZELKINDER-WALD

Die Natur in Eugendorf gemeinsam entdecken

Im Wald und auf den Wiesen vor unseren Haustüren warten unglaublich wertvolle und wundervolle Schätze, die es zu entdecken gilt. Ob Wildkräuter naschen oder Baumgesichter basteln.

»Die Wilde Grün.derin« Ariana Vogel, Kinder- und Kräuterpädagogin, nimmt Kinder mit in die Wildnis. Sie hat sich vorgenommen, Kindern zu ermöglichen, die Natur zu erleben und mit allen Sinnen zu verstehen. Zur Stärkung gibt es zwischendurch eine leckere Obst- und Gemüsejause vom Biobauern. Und am Ende des Waldtages rote Wangen und ganz viel Glücksgefühl.

Zusammen mit den Wurzelkindern geht Ariana Vogel raus und gibt den Kleinen die Möglichkeit, das Wunder Natur zu begreifen, zu leben. Da gibt es allerhand Abenteuer für die Minis, es wird sogar in der Gatschküche gerührt, und das Beste: schmutzig machen ausdrücklich erwünscht! Es wird gebastelt, gesammelt, geschnitzt, und es werden wundervolle, magische Geschichten erzählt. Denn Ariana kennt einige spannende Geschichten über Kräuter und Wurzelzwerge und teilt diese gern mit neugierigen Wurzelkindern. Es wird gelacht, gelernt und vor allem gemacht.

Die Wurzelkinder-Treffen sind im Block buchbar und finden sechsmal statt. Für Naturfans, die sich nicht so lange »binden« wollen, gibt es bei Ariana immer wieder tolle Workshops, wie zum Beispiel Feen- oder Kobold-Gärtchen bauen, kreatives Filzen und Kräuter-Märchenstunden, wo es verschiedene Kräuter zum Kosten gibt und gemeinsam Zauberstäbe gebastelt werden.

Adresse Kursort: Eugendorf, Adresse auf Anfrage, Wilde Grün.derin Ariana Vogel // **ÖPNV** Bus 130, Haltestelle Gastagwirt // **Öffnungszeiten** Programm und Termine auf www.wildegruenderin.at // von 4 bis 8 Jahren

TIPP: Richtig viele Kräuterprodukte für kleine Nachwuchs-Kräuterhexen und Mini-Hexer gibt es bei Sonnentor in der Linzer Gasse.

107_DER ZAMG WISSENSPARK

Übers Wettermachen und Gewitterwolken

Sonnenschein, Blitz, Donner oder Regen, was wird es morgen geben? Wie schön wäre es doch, wie eine Wetterhexe den Regen selbst zu machen oder die Sonne herauszuzaubern, wenn man sie ganz besonders braucht. So einfach geht es aber leider nicht, auch der Wetterfrosch kann eigentlich kein Wetter vorhersagen.

Im ZAMG Wissenspark sind nicht nur kleine Wetter-Wissenschaftler und Geophysikfans gut aufgehoben, es ist der ideale Ort, um einmal in das spannende Thema Meteorologie einzutauchen. Hier werden wichtige Fragen geklärt: Wie entsteht eigentlich eine Wetterprognose, und wie misst man Wetter? Kleine Forscher und Wissenschaftler kommen hier voll auf ihre Kosten und können in die Welt der Meteorologie und Geodynamik eintauchen.

Der ZAMG Wissenspark ist frei zugänglich und bietet in Normalfall auf Anfrage auch Führungen an. Im Messgarten finden Mini-Forscher und die Wissenschaftler von morgen interaktive Infostationen und können einen guten Einblick in die Thematiken bekommen. Sie können sogar selbst interaktiv werden und verschiedene Dinge ausprobieren. Oder auch aktuelle und zukünftige Klimadiagramme zusammenstellen oder die Empfindlichkeit eines Bebenmessgerätes testen.

TIPP: Gleich in der Nähe – in der Nonntaler Hauptstraße – kann man bei Giacomo sehr gut Pizza essen.

Egal welche Altersgruppe oder welcher Wissensstand – für jeden ist das Passende dabei! Auch das Thema Klimawandel wird den Kindern nähergebracht. Anhand einer 2,5 Meter hohen Silhouette des Sonnblick kann man die Entwicklung der Gletscher in den letzten Jahrzehnten verfolgen.

Adresse Freisaalweg 16, 5020 Salzburg, Eingang zum Park beim Conti Parkplatz hinter der Nonntaler Hauptstraße // **ÖPNV** Bus 21, 25, O-Bus 5, 9, Haltestelle Erzabt-Klotz-Straße // **Öffnungszeiten** jederzeit, empfohlen bei Tageslicht // ab 6 Jahre

108_DER ZAUBERFLÖTEN-SPIELPLATZ

Spielerisch in die Oper von Mozart eintauchen

Hinter dem Mirabellgarten befindet sich der Zauberflötenspielplatz – 1.500 Quadratmeter große Spielfreude für kleine Papagenos und Königinnen der Nacht. Ein liebevoller Platz zum Spielen und Toben, mitten in der Stadt. Er ist etwas versteckt unterhalb der Wasserbastei, umgeben von großen, schattenspendenden Bäumen.

Bei diesem Spielplatz tauchen die Kinder spielerisch in Mozarts Oper »Die Zauberflöte« ein und werden ein Teil davon: zwischen Pyramiden, Hieroglyphen und Wüstensand spielen sie in diesem Stück die Hauptrolle.

Für kleine große Helden ist der Prüfungsturm ideal. Auf dem 13 Meter hohen Turm kann man seinen Mut und seine Entschlossenheit erproben. Zuerst über das Netz hinaufgeklettert, geht es anschließend auf der neun Meter langen Rutsche wieder runter. Einmal probiert, gibt es kein Halten mehr. Frei nach dem Motto »Wenn ich nur aufhören könnt!«.

Aber auch für Kleinkinder gibt es ein großes Angebot mit jeder Menge Abenteuer zu erleben. Im Wüstensandkasten spielen oder in den Pyramiden schaukeln lässt die kleinsten Kinderherzen höherschlagen. Und wem zu heiß wird, der kann durch den Tunnel fliehen. Durch den kommt man vom Zauberflötenspielplatz nämlich in das uralte verwunschene Heckentheater, das leicht an das verrückte Labyrinth erinnert. Fragt sich nur, wo ist Alice im Wunderland?

Gut zu wissen: Trinkwasser und WC sind gleich in der Nähe vorhanden.

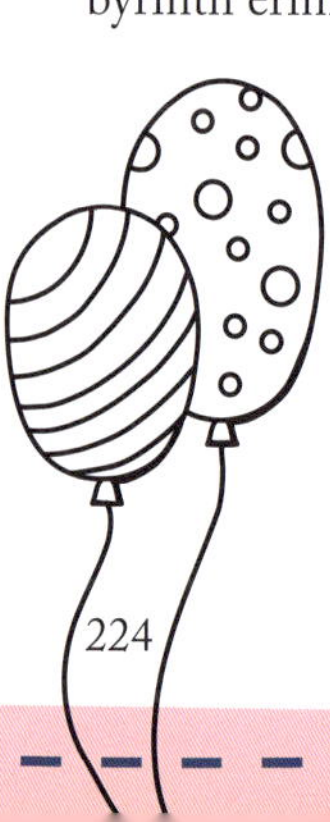

Adresse Mirabellgarten, Mirabellplatz, 5020 Salzburg // **ÖPNV** Bus 1, 2, 3, 5, 6, 14, 25, Haltestelle Salzburg Kongresshaus // **Öffnungszeiten** jederzeit // ab 0 Jahre

TIPP: Fans der Zauberflöte sollten den Papageno-Brunnen am Papagenoplatz besuchen.

109_ DIE ZUCKERL-WERKSTATT

Live dabei sein – auf der Zuckerlseite des Lebens

Unverzichtbar für alle Naschkatzen ist die Zuckerlwerkstatt in der Philharmoniker-Gasse. In dem kleinen, fast unscheinbaren Laden kann man nicht nur allerhand handgemachte Bonbons und Lutscher in verschiedenen Farben kaufen. Hier kann man auch dreimal täglich zuschauen, wie so ein Zuckerl entsteht: Mitten im Geschäft befindet sich nämlich eine Schaumanufaktur, wo man sieht, wie aus besten Zutaten und nach jahrhundertealten Rezepten handgemachte Glücksmomente für Groß und Klein entstehen.

Wenn man schon eine Naschkatze ist, dann sollte man schließlich auch mal sehen, wie aus reinem Kristallzucker wahre Kunstwerke hergestellt werden.

Hier ist man sich einig, so ein Zuckerl ist weit mehr als nur eine Nascherei, diese hier sind vielmehr kleine Kunstwerke mit Motiven und Schriftzügen. Aber auch die Klassiker wie Seidenzuckerl mit zarter Fülle oder Wiener Walzenzuckerl werden noch gefertigt und versetzen Mamas und Papas zurück in ihre eigene Kindheit. Das Zuckerlmachen wird in der Zuckerlwerkstatt richtig gelebt, die Schaumanufaktur ist eine kleine Rarität, die ein altes Handwerk weiterleben lässt!

TIPP: Wer es lieber schokoladig mag, ist in der Salzburger Schokoladen-Confiserie Berger in der Kaigasse gut aufgehoben.

Im Shop findet man außerdem neben Zuckerl in allen Formen und Geschmacksrichtungen verschiedene Fruchtgelees und Zuckerstangen.

Bei dieser Auswahl werden die süßen Träume aller Kinder wahr, und ihre Herzen hüpfen im Kreis, nicht zuletzt wegen des erhöhten Zuckerspiegels.

Adresse Wiener-Philharmoniker-Gasse 3, 5020 Salzburg // **ÖPNV** Bus 1, 8, 10, 22, 27, Haltestelle Herbert-von-Karajan-Platz // **Öffnungszeiten** Mo – Fr 10 – 18 Uhr, Sa 9 – 17 Uhr, Liveshows: laut Aushang oder www.zuckerwerkstatt.at // ab 1 Jahr

110_DER ZWERGERLGARTEN

Kein Schneewittchen, aber ganz viele Zwerge

Schneewittchen findet man zwar nicht in Mirabell, dafür aber ganz viele Zwerge! Die kleinen barocken Gnome sind ganz schön alt und stammen aus dem 17. Jahrhundert. Vor ein paar Jahren wurde der Garten neu angelegt und befindet sich heute oberhalb des Zauberflötenspielplatzes (siehe Ort 108). Der Zwergerlgarten von Salzburg ist der älteste seiner Art in Europa. Die Statuen gelten als wahre Steinmetzkunst und sind handwerklich sehr anspruchsvoll gefertigt.

Die Zwerge sind auf der einen Seite Kunstwerke, auf der anderen Spott. Denn eigentlich stellten sie Menschen mit Einschränkungen dar, auf deren Kosten man sich in der damaligen Zeit gern lustig machte. Daher war es auch kein Wunder, dass die steinernen Gesellen in der Zeit der Aufklärung in Verruf gerieten. So verwilderte der Garten, die Zwerge wurden verkauft und langsam vergessen. Von den ursprünglich 28 Marmorgnomen sind heute leider nur noch 17 zu sehen, diese wurden liebevoll restauriert und haben nun runderneuert einen Platz im Basteigarten gefunden. Im Eingangsbereich werden die Besucher von zwei ballspielenden Zwergen begrüßt.

TIPP: Eine märchenhafte Waldwanderung kann man in Ebenau entlang des Wieselberges unternehmen.

Im Garten stehen die skurrilen Zwerge aus Untersberger Marmor im Jahreskreis, jedem Monat wurde ein Zwerg zugeordnet. Zwei Plätze sind frei geblieben und bieten ein kleines Podest, auf dem sich die Kinder mal kurz in Zwergenpose für ein Fotoshooting schmeißen können. Das würde bestimmt auch Schneewittchen gefallen. Aber die versteckt sich ja leider hinter den sieben Bergen.

Adresse Mirabellgarten, Mirabellplatz, 5020 Salzburg // **ÖPNV** Bus 1, 2, 3, 5, 6, 14, 25, Haltestelle Mirabellplatz // **Öffnungszeiten** jederzeit // ab 3 Jahre

111_DER ZWERGERLWEG IN FUSCHL

Gemeinsam mit Willibald auf der Suche nach Kiki

Der Fuschlsee ist ein tolles Familienausflugsziel, denn er liegt nicht weit von Salzburg Stadt entfernt. Die Region um den See bietet viele Spazier- und Wandermöglichkeiten. Wem eine Fuschlsee-Runde mit den Kindern zu anstrengend ist – hier geht man schon gute drei Stunden –, der kann Zwerg Willibald auf seiner Reise am Zwergerlweg begleiten und ihm helfen, seine große Liebe Kiki zu finden. Der Start dieser familienfreundlichen Wanderung ist kurz vor dem Kräutergarten und dank seines Zwergenbogens nicht zu übersehen. Lustige, handbemalte Gnome und Schautafeln zeigen den Weg und erzählen die Liebesgeschichte von Willibald und seiner Kiki. Der gesamte Wanderweg ist einen halben Kilometer lang und dauert mit Zwergenprogramm ungefähr 45 Minuten.

Bei der kleinen Spazierwanderung geht's von Zwerg zu Zwerg, vorbei am FNL-Kräutergarten, welcher in den Monaten Mai bis September jeden Dienstag und Freitag nachmittags geöffnet ist, und am Bach entlang durch den Wald zur Rumingmühle, die mittlerweile als Schaumühle und Jausenstation betrieben wird. Hier kann man dienstags beim Brotbacken zusehen. Bei der Mühle haben sich auch einige Zwerge versteckt, die gilt es, erst mal zu finden, bevor es weitergeht in den Wald hinauf. Hier befindet sich auch eine kleine Kneippanlage, bei der man seine müden Knochen wieder in Schwung bringen kann.

Ob Willibald seine Kiki findet und die Liebesgeschichte ein Happy End nimmt? Das muss jeder selbst in Erfahrung bringen.

Parken kann man übrigens gut unter den sieben Birken, dem ehemaligen Sommerrodel-Parkplatz.

TIPP: Wenn man in den Sommermonaten an den Fuschlsee kommt, lohnt sich ein Sprung ins kristallklare Wasser im Strandbad.

Adresse Ausgangspunkt: Kreuzung Steinbachstraße/ Mühlenweg, 5330 Fuschl am See, nur teilweise für Kinderwagen geeignet // **ÖPNV** Bus 150, Haltestelle Ortsmitte // ab 1 Jahr

Oberndorf bei Salzburg
1
Laufen
Salzach
Obertrumer See
Obertrum am See
Weng
Wallersee
13
Seekirchen am Wallersee
Henndorf am Wallersee
ÖSTERREICH
DEUTSCHLAND
56
87
Anthering
106
Voggenberg
Elixhausen
Eugendorf
A1
Bergheim bei Salzburg
Freilassing
65
2
Plainfeld
Siezenheim
7
63
Mitterfelden
3
Gaisberg
38
77
111
SALZBURG
Salzach
12
4
Wals
44
A1
81
Walserberg
A1
72
A10
Fürstenbrunn
Anif
Hinterreith
Grödig
55
43
Taxach-Rif
ÖSTERREICH
DEUTSCHLAND
A10
Salzach
Adnet
Marktschellenberg
N
0
1 km
Hallein
46

Salzachseen
Salzach
Liefering
A1
Itzling
Aigen
Lehen
Elisabeth Vorstadt
Schallmoos
Gnigl
Taxham
Maxglan
Neu-Maxglan
Mönchsberg
Kapuzinerberg
SALZBURG
Riedenburg
Parsch
Aigner Straße
Aigen
Nonntal
Leopoldskroner Weiher
Kendlersiedlung
Gneis
Glasenbach
Leopoldskron-Moos
Morzg
Morzger Straße
Berchtesgadner Straße
Moosstraße
Elsbethen
Birkensiedlung
Salzach
Obermoos
Anif
Glanegg
A10
Grödig
N
0 300 m
1
2
3
4
12
15
17
22
23
30
34
35
39
42
45
54
59
74
78
80
82
85
93
98
99
100
101

3
4
Salzach
Lehen
Elisabeth Vorstadt
Schallmoos
Mülln
Ignaz-Harrer-Straße
Saint-Julien-Straße
Gabelsbergerstraße
Rudolf-Biebl-Str.
Gaswerkgasse
Strubergasse
Lindhofstraße
Müllner Hauptstr.
Schwarzstraße
Kapuzinerberg
Aiglhofstraße
Mönchsberg
Imbergstraße
Rudolfskai
Neutorstraße
Leopoldskronstraße
Rainberg
Moosstraße
Sinnhubstraße
Petersbrunnstr.
Riedenburg
Nonntal
N
0
200 m
60
14
18
16
97
68
10
71
61
73
105
76
41
107
53
67
3
92

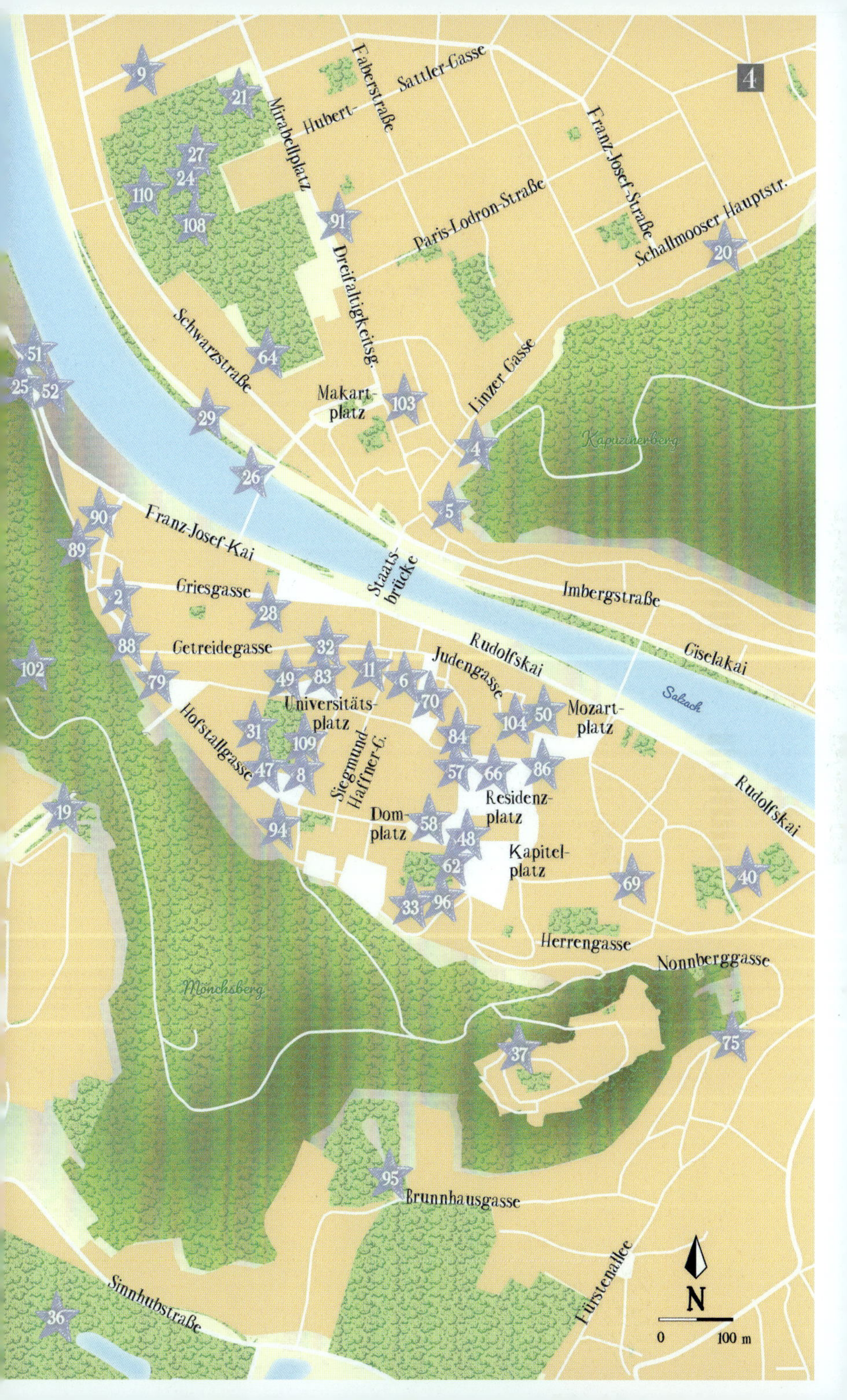

4
Faberstraße
Sattler-Gasse
Hubert-
Mirabellplatz
Franz-Josef-Straße
Paris-Lodron-Straße
Schallmooser Hauptstr.
Dreifaltigkeitsg.
Schwarzstraße
Linzer Gasse
Makart-
platz
Kapuzinerberg
Franz-Josef-Kai
Staats-
brücke
Griesgasse
Imbergstraße
Rudolfskai
Getreidegasse
Judengasse
Giselakai
Universitäts-
platz
Salzach
Mozart-
platz
Hofstallgasse
Siegmund-
Haffner-G.
Residenz-
platz
Rudolfskai
Dom-
platz
Kapitel-
platz
Herrengasse
Nonnberggasse
Mönchsberg
Brunnhausgasse
Fürstenallee
Sinnhubstraße
N
0
100 m
9
21
27
24
110
108
91
20
64
51
25
52
103
29
4
26
5
90
89
2
28
88
32
102
49
83
11
6
79
70
104
50
31
109
84
47
8
57
66
86
19
94
58
48
62
69
40
33
96
37
75
95
36

Bernadette Németh
111 Orte für Kinder in Wien, die man gesehen haben muss
ISBN 978-3-7408-1390-1

Simone Hausladen
111 Orte für Kinder in Zürich, die man gesehen haben muss
ISBN 978-3-7408-0988-1

Daniela Clément
111 Orte für Kinder in Hamburg, die man gesehen haben muss
ISBN 978-3-7408-0334-6

Isa Grütering,
Natascha Korol,
Theresia Koch
111 Orte für Kinder in Berlin, die man gesehen haben muss
ISBN 978-3-7408-0908-9

Janine Eck,
Kristina Offermann
111 Orte für Kinder in Potsdam und Brandenburg, die man gesehen haben muss
ISBN 978-3-7408-0977-5

Cornelia Kuhnert,
Günter Krüger
111 Orte für Kinder in und um Hannover, die man gesehen haben muss
ISBN 978-3-7408-1293-5

Martin Berke, Nina Fandler
111 Orte für Kinder in und um Düsseldorf, die man gesehen haben muss
ISBN 978-3-7408-0972-0

Christina Bacher, Norbert Breidenstein
111 Orte für Kinder in Köln, die man gesehen haben muss
ISBN 978-3-7408-1308-6

Julia Tzschätzsch
111 Orte für Kinder in Frankfurt, die man gesehen haben muss
ISBN 978-3-7408-0686-6

Charlotte Mohs
111 Orte für Kinder in Mainz, die man gesehen haben muss
ISBN 978-3-7408-0665-1

Julia Schönborn
111 Orte für Kinder in Heidelberg, die man gesehen haben muss
ISBN 978-3-7408-0989-8

Franziska Lô
111 Orte für Kinder in und um Stuttgart, die man gesehen haben muss
ISBN 978-3-7408-0655-2

Nadine Luck
111 Orte für Kinder in und um Bamberg, die man gesehen haben muss
SBN 978-3-7408-1075-7

Anke Landleiter
111 Orte für Kinder in Nürnberg, die man gesehen haben muss
ISBN 978-3-7408-0852-5

Veronika Wengert
111 Orte für Kinder in und um Augsburg, die man gesehen haben muss
ISBN 978-3-7408-1079-5

Florian Kinast
111 Orte für Kinder in München, die man gesehen haben muss
ISBN 978-3-7408-1391-8

Priska Lachmann
111 Orte für Kinder in Leipzig, die man gesehen haben muss
ISBN 978-3-7408-0654-5

Jenny Menzel
111 Orte für Kinder in Dresden, die man gesehen haben muss
ISBN 978-3-7408-0837-2

DANK

Ein ganz großes Danke an meine Kinder Annika und Emil, die mit mir zusammen in diesem durchaus besonderen Jahr Salzburg von so vielen verschiedenen Seiten kennen- und noch mehr lieben gelernt haben. Sie haben geduldig mitgemacht, probiert, gewartet und posiert! Danke auch an meinen Mann Markus, der mir bei allem, was ich tue, zur Seite steht, an mich glaubt und mir den Rücken frei hält. Ich möchte mich an dieser Stelle auch ganz besonders bei meinen Freundinnen Juliane, Marina, Selina und Ulli bedanken. Danke für die unglaublich tolle Unterstützung beim Ideensammeln, dem Teilhaben an Insiderinformationen, das Zuhören und Mutmachen, das »Drüberlesen« und die lustigen Stunden bei vielen gemeinsamen Fotospaziergängen.

Anja Fischer, 1980 in Graz geboren, hat es vor 16 Jahren der Liebe wegen nach Salzburg verschlagen. Dort lebt die Zweifach-Mama nun im Pongau und arbeitet als freie Autorin und diplomierte Kräuterpraktikerin. Auf ihrem Blog »Gänseblümchen & Sonnenschein« schreibt sie übers Landleben mit Kindern.